DE LA PAIX INCLUSIVE...
À LA PAIX INCERTAINE

La dialectique de la guerre et de la paix nourrit le débat public depuis toujours. Le monde alterne sans cesse entre période de guerre et période de paix. Ainsi, en 1945, les Alliés ont-ils mis fin à une longue séquence de guerre qui remonte pour ainsi dire à 1914-1918. Un an plus tard, en 1919, la signature d'une paix de punition et bâclée annonçait plusieurs catastrophes, dont la plus terrible a été celle de 1939, point de départ de la seconde guerre mondiale. Après les horreurs du conflit et la capitulation de l'Allemagne nazie et du Japon impérial en 1945, le monde – et surtout l'Europe – est entré dans une longue période de reconstruction d'un modèle politique, économique et social fondé sur une paix de réhabilitation, juste et solide. La confiance dans l'avenir remplissait les agendas, en dépit des épreuves de la guerre froide et de la décolonisation.

Quatre-vingts ans plus tard, en 2025, que reste-t-il de cette paix de réconciliation ? Sommes-nous entrés dans un monde désordonné et décloisonné en raison de crises successives de la mondialisation, de l'érosion progressive des puissances et du gaspillage tous azimuts des dividendes de la paix ? De la crise financière de 2008 à la guerre en Ukraine en 2022, des échecs militaires occidentaux en Irak et en Afghanistan à la montée du populisme partout dans le monde, de l'irruption des sociétés civiles et des nouvelles technologies dans les processus de décision aux premiers effets bouleversants de la victoire de Donald Trump à la présidentielle aux Etats-Unis en 2024, tout semble indiquer que le système international est entré dans une phase de désinstitutionnalisation et de dérégulation.

Ce hors-série du *Monde* revisite ces quatre-vingts dernières années de notre histoire contemporaine, en cherchant à évaluer l'héritage de la paix de 1945, mais aussi à comprendre comment des puissances néonationalistes passent aujourd'hui leur temps à détricoter le multilatéralisme pour s'aventurer dans un espace difforme et anxiogène. Entretiens, enquêtes, portraits, récits, analyses et décryptages nous aident à mieux saisir en quoi ces tentatives destructrices de l'ordre mondial rompent avec l'esprit des vainqueurs des forces de l'Axe, garants de la sécurité collective.

Depuis le rapprochement des populismes (Donald Trump, Vladimir Poutine) et l'affadissement du lien transatlantique qui en découle, c'est le multilatéralisme, comme format et technique d'intégration, qui est mis à mal. Les Etats-Unis tournent le dos à l'Union européenne, qui cherche à se consolider militairement, tandis que la Russie se sent forte de la main tendue du président américain au moment où la Chine observe cette séquence, en retrait, mais en se portant garante du multilatéralisme... à sa façon. Ce bouleversement du monde est-il le signe du retour des puissances ou la confirmation de leur impuissance ? Les Etats-Unis ont-ils bien conscience qu'ils ne peuvent plus rien faire seuls dans le monde, de la même manière que pour les autres puissances aussi, rien ne peut se faire de grand sans les Etats-Unis ?

Ainsi de la paix inclusive de 1945, l'humanité traverse aujourd'hui une zone de turbulences sans précédent depuis la fin de la seconde guerre mondiale, au point de rendre la paix incertaine. Au rejet de l'ordre mondial des uns répond le réarmement légitime des autres, comme si la conflictualité internationale avait franchi un nouveau seuil, avec, à l'horizon, le spectre d'une guerre de haute intensité, pour les observateurs les plus alarmistes.

Entre menaces et pressions, si cette paix inclusive semble derrière nous et laisse sa place à la paix incertaine, il revient aux défenseurs de la raison de chasser cette incertitude pour revenir à une paix irréversible.

GAÏDZ MINASSIAN

> Ce bouleversement du monde est-il le signe du retour des puissances ou la confirmation de leur impuissance ?

RENAISSANCE –
Une affiche de Léonard
de Selva, 1945.

HORS-SÉRIE Le Monde

— RESPONSABLE DES HORS-SÉRIES ET CONCEPTION ÉDITORIALE
Gaïdz Minassian
— CARTOGRAPHIE · INFOGRAPHIE
Rédactrice en chef chargée de la coordination cartographique :
Delphine Papin
Service infographie : **Riccardo Pravettoni** (responsable adjoint),
Julie Cassotti, Floriane Picard
— ONT PARTICIPÉ À CE NUMÉRO
Delphine Allès, Alexandre Bande, Thomas Doustaly, Valentine Faure,
Jérôme Gautheret, Pierre Grosser, Sandrine Kott, Julie Le Gac,
Bertrand Le Gendre, Jean Lopez, Stéphanie Maupas,
Renaud Meltz, Gaïdz Minassian, Jean-François Mondot, Gilles Paris,
Frédéric Potet, Cathy Remy, Antoine Reverchon, Olivier Schmitt,
Stéphane Weiss, Thomas Wieder
— ÉDITION ET RESPONSABLE TECHNIQUE
Laurent Menu
— DIRECTRICE DE CRÉATION ET DIRECTION ARTISTIQUE
Cécile Coutureau Merino
— RESPONSABLE PHOTO
Cathy Remy
— CORRECTION
Philippe Boissaye, Claire Diot
— DOCUMENTATION
Stéphanie Pierre
— PHOTOGRAVURE
Fadi Fayed, avec Laure Maestracci et Ingrid Maillard
— FABRICATION
Alex Monnet, Bruno Lasne
— IMPRESSION
Agir-Graphic, 96, boulevard Henri-Becquerel, 53000 Laval
— CONTACT
horsseries@lemonde.fr

En haut, à Yalta le 9 février 1945. En bas, à Washington le 28 février 2025.
COUVERTURE : Keystone Archives/Heritage Images/ Coll. Christophel -
Getty Images

Vous pouvez retrouver ce hors-série
ainsi que les précédents numéros
sur la boutique en ligne :
www.lemonde.fr/boutique

Le Monde hors-série \\\ 67-69, avenue Pierre-Mendès-France, 75013 Paris. Tél.: 01-57-28-20-00 / 25-61 \\\ Président du directoire, directeur de la publication: Louis Dreyfus \\\ Directeur du *Monde*: Jérôme Fenoglio \\\ Directrice des rédactions: Caroline Monnot \\\ Directeur du développement éditorial: Arnaud Aubron \\\ Responsable des hors-séries: Gaïdz Minassian \\\ Secrétaire général de la rédaction: Sébastien Carganico \\\ Directeur de la diffusion et de la production: Xavier Loth \\\ Directrice de la fabrication : Nathalie Communeau \\\ Chefs de fabrication: Alex Monnet et Bruno Lasne \\\ Directeur informatique groupe: Nathalie Magne \\\ Responsable informatique éditoriale :Emmanuel Griveau / Adjoint : Marc Mélaine \\\ Informatique éditoriale :Toufic Bourdache, Christian Clerc, Igor Flamain, Aurélie Pelloux, Ky Rattanaxay, Emanuel Santos, Matteo Santeramo, Thierry Sellem \\\ Responsable des ventes France et International: Sabine Gude \\\ Responsable commerciale des ventes à l'international: Saveria Colosimo Morin \\\ Chef de produit: Maureen Decarpigny \\\ Directrice des abonnements: Lou Grasser \\\ Directrice de la communication: Adeline Krug Donat \\\ Promotion et communication: Sylvie Fenaillon, Marlène Godet \\\ Directeur des produits dérivés: Pierre Cirignano \\\ Responsable de la logistique: Philippe Basmaison \\\ Modification de service, réassorts pour marchands de journaux: 0805-050-147 \\\ M Publicité 67-69, avenue Pierre-Mendès-France, 75013 Paris, tél.: 01-57-28-20-00 / 38-91 \\\ Présidente : Laurence Bonicalzi Bridier \\\ Directrice déléguée: Michaëlle Goffaux, tél.: 01-57-28-38-98 (michaelle.goffaux@mpublicite.fr) \\\ Les hors-séries du *Monde* sont édités par la Société éditrice du Monde (SA) \\\ Dépôt légal à parution \\\ ISSN 0395-2037 \\\ Commission paritaire 0722 C 81975 \\\ Distribution Presstalis. **N° ISBN: 978-2-36804-175-8**
Origine du papier: France et Suède. IFGD. Taux de fibres recyclées: 0 %. Ce magazine est imprimé chez Imaye certifié PEFC. Eutrophisation. PTot = 0,003 kg/ tonne de papier.

ENTRETIEN **AVEC LAURENCE BADEL**

« Un nouvel Occident se recompose sous nos yeux »

Pour l'historienne Laurence Badel, le monde post-1945 a assuré la paix en Europe mais a également généré un système de conflictualité dans le reste du monde. Quatre-vingts ans après la fin de la seconde guerre mondiale, un Occident qui semblait dicter son message au monde s'est déchiré le 28 février 2025, pour se recomposer sous d'autres fondements.

PROPOS RECUEILLIS PAR GAÏDZ MINASSIAN

Vote différent au Conseil de sécurité des Américains et des Européens, le 24 février 2025, à propos d'une résolution sur l'Ukraine, rencontre inouïe à Washington entre les présidents Trump et Zelensky, discussion autour d'une trêve entre Américains, Russes et Ukrainiens sans la participation des Européens... Que vous inspire cette séquence ?

Nous assistons à une marginalisation diplomatique de l'Europe d'autant plus forte que le lieu actuel de la négociation est Riyad, dans le golfe Arabo-Persique. Elle exprime le dédain des Etats-Unis et de la Russie pour les Etats européens ainsi que la difficulté récurrente de l'Union européenne (UE) à faire émerger une diplomatie commune et à imposer non seulement la haute représentante de l'UE pour les affaires étrangères et la politique de sécurité, Kaja Kallas, mais aussi les Etats européens à la table des négociations.

LAURENCE BADEL
Professeure d'histoire contemporaine des relations internationales à l'université Paris-I Panthéon-Sorbonne (UMR Sirice), elle a notamment publié *Ecrire l'histoire des relations internationales. Genèses, concepts, perspectives, XVIIIe-XXIe siècle* (Armand Colin, 2024) et *Diplomaties européennes. XIXe-XXIe siècle* (Presses de Sciences Po, 2021). Ses travaux en cours portent sur les capitales diplomatiques et sur la féminisation des relations internationales.

La crise diplomatique entre Américains et Européens est-elle le signe de la fin d'un Occident ou juste d'une défaillance du lien transatlantique ?

C'est la fin, provisoire, d'une forme d'Occident. Le contenu de la notion est historiquement variable. Entre 1949 et 1991, l'Occident désigne l'Europe « occidentale », les Etats-Unis et le Canada associés dans un système de défense commune dirigé de façon prioritaire contre le bloc communiste, système qui a permis le maintien de nombreuses forces américaines en Europe.

Ce contenu s'est renouvelé depuis la fin de la guerre froide. Lors de la guerre du Golfe, la notion d'Occident avait notamment été utilisée pour désigner l'action des Etats-Unis sous couverture de l'Organisation des Nations unies (ONU).

En d'autres termes, un nouvel Occident se recompose une nouvelle fois sous nos yeux. Cela ne signifie pas pour autant la fin durable du lien transatlantique.

Que doit faire l'Europe, selon vous, pour s'adapter à la nouvelle donne ?

Le format de la rencontre de Londres du 2 mars 2025 est intéressant. Il esquisse les contours d'une Europe militaire plus restreinte que l'Union où le Royaume-Uni a sa place. Depuis 1949, plusieurs formats de coopération européenne cohabitent : le Conseil de l'Europe, l'Organisation pour la sécurité et la coopération en Europe, l'UE, sans compter les formats plus restreints du type groupe de contact, qui remonte au début des années 1970, et dont on a eu les déclinaisons plus récentes – groupe des pays Weimar, Weimar+, etc. Il est possible qu'un nouvel espace diplomatique émerge autour d'une Europe de la défense prête à la coopération industrielle, à la solidarité commerciale, à l'interopérabilité et à la coordination stratégique.

Que reste-t-il de l'architecture de la paix de 1945 ?

Le « désordre mondial » est devenu un lieu commun depuis une dizaine d'années. Pierre Milza, historien de l'Italie et des relations internationales, l'avait employé dès le début des années 1980 pour analyser la fin de la détente. Disons que de l'architecture de la paix de 1945, il reste des grands principes et des institutions. Mais tout cela est extrêmement fragilisé depuis une quinzaine d'années par toute une série de facteurs, comme la résurgence des politiques de puissance, qui passent par la course aux matières premières, aux armements et à la maîtrise des voies de communication et de télécommunications. Elles peuvent déboucher sur des actes de prédation.

A cela se greffent des volontés de puissance qui peuvent être autolégitimées par le ressentiment, le fait de ne pas avoir été suffisamment associées à la gouvernance internationale depuis 1945, ce qui est d'ailleurs une vraie question en soi. Et puis surtout, il y a un droit international bafoué, en particulier par ceux qui l'avaient porté, les Etats-Unis, tandis que d'autres Etats font valoir des conceptions différentes du droit et des principes qui doivent irriguer le système international. Les germes de conflictualité déjà présents en 1945 éclatent au grand jour aujourd'hui. Et, pour certains, le multilatéralisme appartient à un ordre du passé.

AP

TENSIONS – Le 28 février 2025, dans le bureau Ovale de la Maison Blanche, à Washington, devant les caméras de télévision. Le président américain, Donald Trump, reçoit le président ukrainien, Volodymyr Zelensky.

➡ **Comment expliquez-vous cette contestation de l'ordre mondial?**

Les sociétés occidentales, qui en ont prioritairement bénéficié, ne semblent plus adhérer aux principes qui le définissaient en 1945. Dans la hiérarchie des fameuses «valeurs» dont le discours politico-diplomatique est imprégné, je ne suis pas sûre que la liberté se situe toujours au sommet de la pyramide. D'autres principes ont pris le pas, comme celui, si ambivalent, de «sécurité». Dès lors, des Etats qui, culturellement, ou les forces politiques qui, par opportunisme, proposent d'autres définitions de la «démocratie» par exemple, et qui ont les moyens économiques et culturels de diffuser leur vision d'un autre système international, s'engouffrent dans la brèche.

Par ailleurs, le non-respect du droit par les Occidentaux, leur politique du deux poids-deux mesures, leur cynisme parfois, dévaluent radicalement leurs grands discours dans le reste du monde. Depuis le tournant du millénaire, des Etats aussi différents que la Russie et la Chine l'ont bien compris, poursuivant, avec des temporalités très différentes, des politiques de puissance qui passent, au mépris du droit, par le rattachement de territoires qu'elles estiment relever de leur suzeraineté.

Dans quel état le monde se trouve-t-il à la sortie de la seconde guerre mondiale?

C'est un monde épuisé physiquement et moralement. Un monde qui a subi de graves destructions matérielles, marqué par les bombardements massifs de la fin de la guerre en Allemagne, l'usage de la bombe atomique au Japon. L'Europe reste au cœur du cyclone, marquée par l'extermination des juifs et des déplacements très importants de populations. La transition qui mène à la restauration de la souveraineté de certains Etats a été très longue – 1949 pour l'Allemagne, 1952 pour le Japon, 1955 pour l'Autriche. Celle qui conduit à l'indépendance d'une majorité d'Etats colonisés est encore plus longue. C'est enfin un monde qui, pendant la guerre, a anticipé la reconstruction et la réorganisation du système international.

En quoi la paix de 1945 se distingue-t-elle de la paix de 1918?

D'abord, cela reste la paix des vainqueurs. C'est aussi une paix qui se reconstruit globalement sur les mêmes bases juridiques et politiques, autour des mêmes notions-clés: assurer la paix et la sécurité collective. L'une des dimensions nouvelles est l'inclusion d'un autre critère, celui qu'on va appeler, avec les mots de l'époque, le «bien-être des sociétés» (*social welfare*). Cela va avoir des implications de très longue durée sur les Etats et sur leur fonctionnement. Cette paix se veut plus «inclusive». Au-delà de la réaffirmation du droit des peuples à disposer d'eux-mêmes, elle se fonde sur le principe de l'égalité raciale. Elle s'accompagne encore de celui de l'égalité des sexes, tout aussi peu palpable dans les faits en 1945.

On a aussi médité certaines erreurs de 1918-1919, en particulier la politique allemande qui avait été suivie. Tout en participant à la mise en œuvre de la démocratisation et de la «rééducation» de l'Allemagne de l'Ouest, la France va s'engager dans la construction d'un bloc européo-occidental pour encadrer la renaissance de sa puissance. Il s'agit de ne pas humilier les vaincus, comme on les avait humiliés en 1919. En revanche, 1945 voit la première institutionnalisation du droit pénal international. On en avait déjà eu l'idée contre Guillaume II, mais les procès de Leipzig ou ceux d'Istanbul contre les dirigeants Jeunes-Turcs, en 1919-1920, n'avaient pas été conduits par des tribunaux internationaux. Cela sera le cas, pour la première fois, à Nuremberg *(lire p. 58)* et à Tokyo, avec le jugement des dignitaires nazis et japonais.

Comment les vainqueurs s'entendent-ils pour reconstruire un système international viable?

Leur réflexion a cheminé entre 1941 et 1945. Il y a toute une série de jalons importants énonçant les grands principes: la Charte de l'Atlantique, la Déclaration des Nations unies, etc. La rencontre essentielle est celle de Dumbarton Oaks (Washington, DC), du 21 août au 7 octobre 1944, à laquelle la France ne participe pas. Les Etats-Unis, le Royaume-Uni, l'Union soviétique et la République de Chine s'entendent pour faire émerger un nouveau système de sécurité collective autour d'une révolution juridique – la naissance d'un *jus contra bellum* –, mais avec l'idée qu'il faudra rendre le système viable cette fois-ci en dotant la nouvelle organisation, la future ONU, de moyens réels d'action. C'est toute la discussion sur les possibilités militaires qui doivent lui être données. Les principes sont acceptés lors de la conférence de San Francisco (avril-juin 1945). Toutefois, le fonctionnement institutionnel de l'ONU duplique celui de la Société des nations (SDN, 1920-1946). Le Conseil de sécurité, comme le Conseil de la SDN, a ses membres permanents et ses membres non permanents. C'est un nouvel avatar de la structure oligarchique du Conseil européen du XIXᵉ siècle, un système fondé sur l'inégalité politique des Etats, même si, en droit, leur égalité est réaffirmée. Ses limites se révèlent criantes depuis de nombreuses années.

Quels sont les écueils à éviter de façon à tourner le dos à la SDN?

On souhaite éviter l'inefficacité de la SDN face aux coups de force qui ont marqué les années 1930, comme l'invasion de l'Ethiopie par l'Italie fasciste (1935), la remilitarisation de la Rhénanie par l'Allemagne nazie (1936). A chaque fois, on s'en était tenu à des déclarations, à des commissions, voire à des sanctions économiques, mais, en fait, sans aller plus loin. Désormais, en dernier recours, le Conseil de sécurité de l'ONU peut lancer une intervention militaire, en recourant aux forces armées des Etats en fonction d'accords qui seront passés. D'autre part, parmi les six principaux organes de l'ONU, on accorde une place majeure au Conseil économique et social (Ecosoc), chargé du développement économique et du bien-être social, dans lesquels on voit des éléments de stabilisation des relations internationales. Une nouvelle génération d'organisations sectorielles (Organisation des Nations unies pour l'alimentation et l'agriculture, Unicef, Organisation mondiale de la santé, etc.) œuvrent pour améliorer le bien-être des populations.

> **«LE NON-RESPECT DU DROIT PAR LES OCCIDENTAUX, LEUR POLITIQUE DU DEUX POIDS-DEUX MESURES, LEUR CYNISME PARFOIS, DÉVALUENT LEURS GRANDS DISCOURS DANS LE RESTE DU MONDE.»**

Quels ont été les enjeux des débats autour du Conseil de sécurité?

D'abord, qui devait en faire partie? La première discussion a concerné l'intégration de la France, devenue paria avec le gouvernement de Vichy, et dont le gouvernement provisoire de la République française s'emploie à restaurer le rang, avec l'appui du Royaume-Uni. L'enjeu, je viens de l'évoquer, c'est ensuite de rendre opératoires les décisions que pourraient prendre les membres du Conseil de sécurité. Le problème, c'est qu'avec l'entrée dans la guerre froide, il va être assez tôt paralysé : la divergence idéologique et politique entre les Alliés prend le dessus, pour s'incarner dans un bloc occidental et un bloc socialiste qui s'opposeront radicalement à partir de 1947-1948.

Cette dynamique de guerre froide a-t-elle figé le système onusien?

Elle le fige dans la mesure où l'Union soviétique, en particulier dans les quinze premières années, va faire un très grand usage de son droit de veto, paralyser le Conseil de sécurité, sauf au tout début de la guerre de Corée (1950-1953). Toutefois, le duopole qui s'esquisse entre les Etats-Unis et l'Union soviétique n'a jamais été totalement un frein pour le fonctionnement du multilatéralisme. En fait, la guerre froide a plutôt été, à mon sens, un âge d'or pour l'autre grande institution des Nations unies, à savoir l'Assemblée générale.

Pourtant, l'Assemblée générale de l'ONU a été discréditée par rapport au Conseil de sécurité en matière de production du droit international. Pourquoi?

C'est une vision un peu binaire, qui réduit la production du droit international au face-à-face entre ces deux institutions. Or, la production de ce droit repose aussi sur certains organismes subsidiaires de l'Assemblée générale, comme la Commission du droit international ou la Cour de justice internationale. Par ailleurs, si l'Assemblée générale a émis des déclarations et des recommandations demeurées sans effet, elle a été une tribune importante pour les Etats décolonisés. Elle a aussi produit des définitions et des coutumes qui, à un certain moment, sont devenues une norme «dure». En 1960, elle adopte ainsi une Déclaration sur l'octroi de l'indépendance aux pays et aux peuples coloniaux qui a eu, en définitive, un effet contraignant.

Le face-à-face entre Etats-Unis et URSS est-il compatible avec le multilatéralisme?

Oui, car il ne faut pas concevoir le multilatéralisme uniquement dans son envergure universelle et onusienne. Le multilatéralisme post-1945 se décline sous la forme des régionalismes que permet la Charte des Nations unies. Il y a eu imbrication des différents formats de négociation. Les superpuissances ont eu aussi besoin, à ce moment-là, de l'essor des régionalismes (y compris hors d'Europe : pensons à la naissance de l'Association des nations de l'Asie du Sud-Est, en 1967) pour cimenter leur propre système de sécurité et assurer leur expansion économique.

Si, au départ, les Etats-Unis se sont investis dans l'ONU, comment expliquez-vous la méfiance croissante qui habite les différentes administrations à la Maison Blanche depuis quelques décennies?

L'un des arguments souvent invoqués est le caractère budgétivore de ces organisations internationales : de fait, le retrait des Etats-Unis de nombre d'organisations, décidé par Donald Trump, révèle a contrario l'extraordinaire engagement financier qui avait été le leur depuis 1945. Or, cette réflexion sur leur désengagement puise ses racines dans leur prise de conscience du début des années 1970 de la lourdeur du «fardeau».

C'est aussi un réflexe traditionnel de grandes puissances, et a fortiori de superpuissances, qui pensent qu'elles peuvent se passer des ressources du multilatéralisme, contrairement à d'autres Etats après 1945, comme les petits Etats de l'Europe occidentale, qui y voient un démultiplicateur de puissance, ou d'anciennes grandes puissances, comme le Japon ou l'Allemagne, qui vont en avoir besoin pour recouvrer la leur. Pour une grande puissance, il y a toujours cette tentation de négocier d'égal à égal avec un Etat qu'on reconnaît comme un pair.

La décolonisation ne s'est-elle pas tournée contre les Etats-Unis, quand les nouvelles indépendances en Afrique ou ailleurs ont été séduites par Moscou?

Oui, dans une certaine mesure, puisqu'à partir des années 1960 on voit au sein de l'ONU que les Etats du tiers-monde commencent eux aussi à se constituer en tant que bloc et à revendiquer une forme de neutralisme entre les Occidentaux et l'URSS. C'est visible en 1964, avec la première Conférence des Nations unies sur le commerce et le développement. Le «groupe des 77» s'affirme et prend des positions en faveur d'un nouvel ordre économique international, extrêmement critiques vis-à-vis du système du commercial international. Il n'en demeure pas moins que les nouveaux Etats africains et asiatiques savent aussi jouer des luttes de pouvoir et d'influence auxquelles se livrent les Deux Grands et leurs alliés sur les marchés en développement qu'ils représentent.

La paix de 1945 s'est-elle traduite par une Europe en paix et par le reste du monde en guerre?

De fait, l'Europe, à l'échelle de la Communauté (devenue Union) européenne, est devenue un espace de paix jusqu'à aujourd'hui, et l'est restée au fur et à mesure de ses élargissements. Il faut toutefois rappeler que la guerre est revenue sur le continent au début des années 1990, avec les guerres de Yougoslavie. Celles-ci ont été le révélateur de l'impuissance de la diplomatie embryonnaire de l'Union. Les trente années qui viennent de s'écouler ont été une belle occasion ratée. La guerre en Ukraine en est un nouveau et cruel révélateur.

En outre, la paix de 1945 a été une paix très ambivalente pour le reste du monde. D'un côté, les grands principes – la défense des peuples opprimés, l'anticolonialisme –, de l'autre, la mise en place d'un système reposant sur une commission pour les territoires sous tutelle et les territoires non autonomes, et permettant aux puissances impériales de freiner ➤

> « LE RETRAIT DES ÉTATS-UNIS DE NOMBRE D'ORGANISATIONS, DÉCIDÉ PAR DONALD TRUMP, RÉVÈLE A CONTRARIO L'EXTRAORDINAIRE ENGAGEMENT FINANCIER QUI AVAIT ÉTÉ LE LEUR DEPUIS 1945. »

MUR DU SOUVENIR – Le 20 septembre 2024, à Kiev, la présidente de la Commission européenne, Ursula von der Leyen, se recueille devant le mémorial dédié aux soldats ukrainiens tombés au combat.

⟶ des quatre fers les processus de décolonisation. Les Occidentaux, en particulier les Etats-Unis et le Royaume-Uni, ont finalement reconstruit un système porteur des germes d'une conflictualité extrêmement forte en dehors de l'Europe.

La construction européenne est-elle consubstantielle du système mondial post-1945? Autrement dit, si le monde de 1945 s'effondre aujourd'hui, faut-il s'attendre à une inévitable décomposition de l'UE?

Elle n'est pas consubstantielle, car, en toute rigueur, le projet européen – créer et fortifier un régionalisme européen – est bien antérieur à l'après-seconde guerre mondiale. Il avait déjà été envisagé au moins dans les années 1920 : on avait, en particulier, exploré les voies de la création d'un groupement européo-occidental autour des petits Etats – unis ultérieurement au sein du Benelux –, de l'Allemagne et de la France.

Par ailleurs, pendant la seconde guerre mondiale, dans chacun des Etats en guerre, on sait que les projets des milieux de la Résistance (en Italie, en Belgique, en France, etc.) pour la reconstruction comprenaient toujours un volet international qui intégrait des propositions novatrices en ce sens. Ensuite, l'entrée dans la guerre froide et la naissance d'un bloc occidental vont fortifier une construction européenne en voie d'affirmation. On le voit très bien au début de la guerre de Corée, à l'été 1950, puisque le projet de Communauté européenne du charbon et de l'acier est à peine lancé que s'enclenche celui de Communauté européenne de défense… parce que les Etats-Unis sont engagés en Asie…

Cependant, comme toute institution, que ce soit un Etat, un empire ou une organisation, l'UE est mortelle. Mais si elle doit mourir, ce ne sera pas le fait de contraintes extérieures, ce sera parce qu'elle aura oublié sa capacité de dépassement, le ressort qui avait fait s'unir des peuples qui ne s'aimaient pas. Ce ne sera pas la faute des autres, mais celle de ses Etats, de ses peuples et de chacun d'entre nous.

Cette réaffirmation des puissances, est-ce un retour des empires, comme certains observateurs l'avancent, ou juste la confrontation des impuissances et des néo-nationalismes?

Les politiques impériales auxquelles vous faites allusion (celle de la Russie, de la Chine et maintenant des Etats-Unis) se nourrissent d'un sentiment national que l'on excite, que l'on exacerbe en allant chercher dans l'histoire des peuples des morceaux du passé qui ont blessé la fierté nationale. Ce n'est pas une pratique nouvelle, et les «néo-empires» n'en ont pas l'apanage : en Hongrie, mais aussi en Italie, dans tous les Etats fondateurs de l'Europe des Six, on assiste à cette excitation nationaliste nourrie par des dirigeants nés au début des années 1950 (né en 1946, Donald Trump est le plus âgé) ou plus jeunes, et qui n'ont pas connu personnellement la guerre mondiale.

Mais ces «néo-nationalismes» sont aussi nourris par des inégalités sociales et géographiques renouvelées à l'issue de décennies où l'on sent, en Occident en tout cas, que l'Etat social ne peut décidément plus tenir les promesses faites en 1945. Or, ceux qui avaient repensé le système international à la sortie de la guerre avaient les excès du nationalisme en horreur. Et dans le reste du monde, n'oublions pas non plus qu'en 1945 la défense d'une identité linguistique et culturelle, l'affirmation de l'indépendance nationale étaient allées de pair avec de grandes initiatives panasiatiques ou panafricaines exprimant la conscience de cette solidarité internationale.

Si la paix mondiale est en danger aujourd'hui, comment peut-on faire pour la consolider et pour éviter le pire?

On aimerait penser que la résurgence de ces autoproclamés hommes forts et âgés, à la tête de la gouvernance internationale, est un phénomène transitoire, que de nouvelles générations prendront le relais… Pour nos Etats européens, la réponse la plus réaliste est de hausser leur niveau d'autonomie et de dissuasion en matière de défense. Le fait de ne pas avoir construit cette défense européenne depuis la fin des années 1990 est grave. La paix et la liberté ont un coût.

Pour le monde, sur le papier, la seule solution est la désescalade, l'échange à tous les niveaux, la recherche d'un langage commun, permettre à l'adversaire de restaurer une fierté nationale qui ne passe pas par l'oppression du voisin, traiter correctement ses alliés. Les négociateurs ont toutes les recettes techniques pour y parvenir. Le problème, ce sont leurs mandataires politiques.

> « ON AIMERAIT PENSER QUE LA RÉSURGENCE DE CES AUTOPROCLAMÉS HOMMES FORTS ET ÂGÉS EST UN PHÉNOMÈNE TRANSITOIRE, QUE DE NOUVELLES GÉNÉRATIONS PRENDRONT LE RELAIS… »

En quoi l'irruption des nouvelles technologies sous toutes leurs formes (Gafam, intelligence artificielle, cyberespace) vient-elle bousculer l'architecture du monde post-1945?

Si je raisonne dans une perspective historique, je ne vois pas les Gafam (acronyme des géants du Web Google, Apple, Facebook, Amazon et Microsoft) «prendre le pouvoir» et mettre à bas l'architecture du monde. Les multinationales des technologies de l'information et de la communication sont loin d'être une nouveauté. Aujourd'hui comme hier, elles dépendent beaucoup de la commande publique. En outre, elles sont en concurrence les unes avec les autres, et l'Etat fédéral américain a toujours su jouer de cette rivalité. Il n'en demeure pas moins qu'actuellement les principales normes applicables à Internet sont produites par une société américaine privée : l'Icann (Internet Corporation for Assigned Names and Numbers), qui est en situation de monopole mondial. Les Gafam constituent un nouveau défi pour l'UE notamment, dont elle a pris la mesure, pas seulement aujourd'hui, mais depuis de nombreuses années. Elle tente d'établir les conditions d'une souveraineté numérique sur le sol européen.

Est-ce que cela va conduire à l'éclatement du système et à une reconfiguration? C'est possible, mais concrètement, me semble-t-il, les risques majeurs pour la paix mondiale viennent des Etats et des politiques de puissance fondées sur l'envoi de forces armées et de drones, la manipulation des opinions publiques et les déplacements de populations. Dans l'immédiat, le risque étatique reste un risque majeur. ●

1945 LA FIN DE LA GUERRE

CAPITULATION –
Le 2 septembre 1945, à bord du cuirassé de l'US Navy USS *Missouri*, des représentants de l'empire du Japon rendent officiellement les armes aux puissances alliées. Au premier rang : le ministre des affaires étrangères Mamoru Shigemitsu et le général Yoshijiro Umezu.

ENTRETIEN **AVEC RICHARD OVERY**

« Hitler était déterminé à organiser une fin apocalyptique »

Pour l'historien britannique Richard Overy, spécialiste de la seconde guerre mondiale, les Alliés s'étaient préparés à ce que le conflit dure jusqu'à la fin de l'année 1946, voire jusqu'en 1947, si les Américains n'avaient pas accéléré la fabrication de la bombe atomique et son largage sur le Japon.

PROPOS RECUEILLIS PAR GAÏDZ MINASSIAN

Les Alliés – la Grande-Bretagne, l'Union soviétique et les Etats-Unis – pensent-ils que la guerre prendra fin en 1945 ?
Les Alliés occidentaux étaient de plus en plus optimistes et pensaient que la guerre en Europe pourrait prendre fin en 1944, une fois la France libérée. Cet espoir s'est évanoui lorsque la résistance allemande s'est renforcée. On s'attendait à ce que les bombardements aient un effet important, mais ils n'entraîneraient pas la reddition, de sorte que l'invasion de la patrie allemande depuis l'Ouest et l'Est au printemps 1945 est devenue la seule option.
Selon les prévisions, la guerre en Europe devait prendre fin à l'été 1945. Il restait la question du Japon et de la partie asiatique du front. Après la défaite allemande, on estimait que la guerre pourrait durer jusqu'à la fin de l'année 1946, voire jusqu'en 1947. C'est pourquoi tant d'efforts ont été déployés pour achever la fabrication de la bombe atomique en 1945, dans l'espoir de raccourcir la guerre. Le blocus naval et les bombardements urbains des Etats-Unis ont persuadé l'empereur du Japon et la « faction pacifiste » du gouvernement nippon de mettre fin à la guerre en août 1945.

Les Allemands croyaient-ils encore à la victoire lorsqu'ils contre-attaquent dans les Ardennes en décembre 1944 ?

RICHARD OVERY
Historien britannique, spécialiste de la seconde guerre mondiale, il a été professeur d'histoire à l'université de Cambridge, puis au King's College et à l'université d'Exeter. Il est l'auteur de près d'une trentaine d'ouvrages, dont *The Sous les bombes: Nouvelle histoire de la guerre aérienne 1939-1945.* (Flammarion, 2014) et *Rain of Ruin. Tokyo, Hiroshima and the Surrender of Japan* (Penguin, 2025).

La plupart des Allemands s'attendaient à la défaite à la fin de l'année 1944, mais ils conservaient l'espoir qu'Adolf Hitler puisse disposer d'armes secrètes ou qu'il puisse lancer une initiative politique qui se traduirait par un compromis et non par une capitulation. L'offensive des Ardennes a été considérée comme une telle possibilité, mais l'état-major allemand a estimé qu'il s'agissait d'un pari fou, et c'est ce qui est arrivé. Seul Hitler pensait qu'elle pourrait avoir un impact, mais il s'appuyait alors sur des fantasmes stratégiques.

Quel est l'objectif de Berlin ?
En 1945, la plupart des dirigeants allemands s'attendaient à la défaite. Même Hitler savait aussi qu'elle était inévitable, à moins que la Grande Alliance ne s'effondre et qu'il puisse négocier avec l'Ouest pour s'opposer à l'approche de l'Armée rouge. Le Führer

était déterminé à organiser une fin apocalyptique, conformément à la conviction qu'il entretient depuis les années 1920 selon laquelle l'Allemagne serait soit victorieuse, soit anéantie dans une guerre provoquée, selon lui, par la juiverie internationale. Son ordre Néron de mars 1945 – qui consistait à tout détruire sur le passage des armées alliées en approche, sans rien laisser au peuple allemand – était l'expression finale de cette idée de la victoire ou la mort. Les dirigeants du parti et de l'armée qui l'entourent sont divisés. Certains partagent la vision d'Hitler d'une défaite héroïque, se battant jusqu'au bout ; d'autres préfèrent trouver un moyen de mettre fin à la guerre. Mais c'est Hitler qui l'emporte, jusqu'à son suicide, le 30 avril 1945.

L'objectif des Anglo-Américains et des Soviétiques est d'atteindre Berlin en premier. Pour quelle raison ?
Les Alliés ont été surpris par la détermination et l'habileté avec lesquelles les forces allemandes ont continué à se battre, malgré la supériorité massive des Anglo-Américains en termes d'armes et d'effectifs. On se rend compte que l'Allemagne ne se rendra pas tant qu'elle n'aura pas été conquise, ni son territoire occupé. Staline voulait atteindre Berlin, la bête dans son repaire, et les Alliés occidentaux se sont mis d'accord en 1944 pour que cela se fasse dans la zone d'opérations soviétique. Seule la crainte de la propagation du communisme a incité Winston Churchill à vouloir rejoindre Berlin en premier, mais le général Eisenhower, commandant suprême des forces alliées à l'Ouest, voulait s'en tenir à l'accord initial et envoyer les troupes américaines dans le sud de l'Allemagne et en Autriche. Au bout du compte, il n'y a pas eu de course à Berlin, même si Staline craignait qu'il y en ait une. Les deux parties (Anglo-Américains et Soviétiques) se sont rencontrées sur la ligne de démarcation convenue, et Berlin est resté fermement dans la sphère soviétique d'après-guerre.

La mort de Roosevelt en avril 1945 a-t-elle été l'occasion pour Staline de durcir sa position à l'égard des Etats-Unis ?
La mort de Franklin D. Roosevelt a eu un certain nombre d'effets immédiats. Hitler et Joseph Goebbels ont brièvement espéré qu'elle entraînerait l'effondrement de la Grande Alliance, tout comme la mort soudaine de la tsarine Elisabeth avait permis à Frédéric le Grand d'éviter la défaite dans les années 1760. Staline semble avoir

sincèrement regretté la mort de Roosevelt, pour qui il avait beaucoup d'admiration, alors qu'il se méfiait profondément de Churchill. Le régime soviétique ne savait pas comment réagir face à Harry Truman, inconnu sur le plan international. Mais le président américain a maintenu tous les engagements de Roosevelt, y compris le soutien à la production de la bombe atomique.

Truman était cependant plus hostile au communisme et peu enclin à faire de nouvelles concessions à Staline. Cela n'a pas provoqué la guerre froide, mais cela a signifié qu'il y a eu d'importantes frictions entre les deux camps alliés, qui ont sapé les espoirs de collaboration d'après-guerre dans l'esprit des Nations unies. Ces frictions étaient déjà évidentes chez Roosevelt, qui, peu après Yalta, a perdu ses illusions face à l'incapacité de Staline à tenir les promesses qu'il avait faites. Même si Roosevelt avait survécu, il est probable que l'esprit de coopération du temps de guerre se serait rapidement évaporé.

Aurait-on pu éviter de recourir à la bombe nucléaire contre le Japon ?

Depuis 1945, la question de savoir s'il était nécessaire de larguer les deux bombes atomiques, sur Hiroshima le 6 août et sur Nagasaki le 9, est débattue. Le point important est que les dirigeants militaires et politiques des Etats-Unis pensaient que c'était nécessaire. On espérait que la bombe accélérerait la capitulation du Japon et sauverait des vies américaines. Le président Truman était prêt à approuver la décision militaire de larguer la bombe parce qu'il s'attendait à ce que le Japon accepte la déclaration de Potsdam (l'ultimatum de capitulation publié en juillet 1945, *lire p. 31*).

En réalité, on sait aujourd'hui que l'empereur et la faction de la paix au Japon avaient déjà pris la décision d'« essayer de mettre fin à la guerre » (expression japonaise), en raison des destructions massives causées par les bombardements conventionnels des villes japonaises et de la crise sociale croissante due aux évacuations massives et à la grave pénurie de nourriture. L'élite japonaise craignait que l'effort de guerre du Japon ne se termine par une révolution, à l'instar des efforts de guerre de la Russie et de l'Allemagne en 1917-1918. La bombe n'était qu'un facteur parmi d'autres et, au début, on ne comprenait pas très bien de quoi il s'agissait. L'empereur a pris sa première décision sacrée d'accepter l'ultimatum avant même que le rapport scientifique sur la bombe ne soit parvenu à Tokyo.

Du côté américain, il y avait cependant des propositions alternatives. De nombreux scientifiques impliqués souhaitaient faire un essai nucléaire sur une île proche du Japon pour montrer ce qu'une bombe pouvait provoquer comme dégâts. Le général Marshall, chef d'état-major de l'armée américaine, préférait l'idée d'utiliser les bombes de manière tactique, c'est-à-dire contre les forces armées japonaises défendant les îles intérieures. Ni l'un ni l'autre ne s'est produit et les bombes ont été larguées. Le Japon se serait certainement rendu, qu'elles aient été larguées ou non.

Lorsque les Etats-Unis utilisent la bombe nucléaire contre le Japon, un message est-il envoyé à Moscou ?

Il y a de nombreuses années, on a affirmé que les bombes atomiques avaient été larguées pour intimider l'allié soviétique plutôt que pour paralyser l'ennemi japonais. C'est une thèse séduisante, mais il n'y a pas de preuves réelles pour l'étayer. La préparation militaire des bombardements, qui s'est déroulée à la fin du printemps et durant l'été 1945, était destinée à compléter les bombardements conventionnels et à exercer une pression supplémentaire sur les Japonais pour qu'ils se rendent. L'objectif était de mettre fin à la guerre le plus rapidement possible afin de sauver des vies américaines et de prévenir les protestations croissantes aux Etats-Unis concernant les sacrifices continus pour l'effort de guerre.

Le largage de la bombe a plutôt eu l'effet inverse, en incitant Staline à envahir la Mandchourie et à s'emparer des autres concessions territoriales faites à Yalta, au cas où les Japonais se rendraient à la suite du largage de la bombe. La position américaine en Asie continentale après le largage des bombes était pire qu'avant, et la domination soviétique de la Chine du Nord, de la Corée du Nord et du Pacifique Nord était un fait accompli.

Pourquoi la France a-t-elle obtenu une zone à Berlin au même titre que les Alliés, alors que ces derniers ont contribué bien davantage à l'effort de guerre ?

En 1944 et en 1945, l'idée d'accorder à la France une zone d'occupation dans l'Allemagne conquise, et plus particulièrement à Berlin, s'est heurtée à une forte résistance. Ni Staline ni Roosevelt n'y étaient favorables, pour la raison évidente que la France avait relativement peu contribué à la défaite de l'Allemagne et qu'elle avait même collaboré avec les occupants allemands sous le régime de Vichy. Churchill était prêt à permettre à la France de jouer un rôle, d'abord en raison de son respect pour la France en tant que nation majeure en Europe et de son espoir de voir ce rôle revivre après 1945 ; ensuite parce qu'il souhaitait la collaboration de la France pour faire revivre les empires d'avant-guerre en Afrique et en Asie ; enfin parce qu'il espérait que la France ferait contrepoids aux deux autres Alliés, l'Union soviétique et les Etats-Unis, qui menaçaient de saper les intérêts des principaux Etats européens. Cette décision n'a été confirmée que tard dans la guerre. Roosevelt était personnellement hostile à de Gaulle, mais la mort du président américain a facilité l'implication de la France.

Comment les Alliés traitent-ils la découverte des camps d'extermination des juifs ?

La découverte des camps d'extermination répartis en Pologne est confinée à l'effort de guerre soviétique. L'Armée rouge libère d'abord Majdanek le 24 juillet 1944, puis Auschwitz le 27 janvier 1945. L'accès y était limité et les Soviétiques considéraient ces camps comme des sites destinés à toutes les victimes, et pas seulement aux juifs. Le rôle des camps dans le génocide n'a été révélé que lentement après 1945, bien que les Soviétiques soient restés réticents à privilégier la souffrance juive en parlant des camps plutôt que la souffrance des victimes soviétiques de la guerre menée par les Allemands.

La découverte des camps de concentration – dont le plus célèbre est celui de Bergen-Belsen, mais aussi, plus tard, ceux de Dachau et de Mauthausen, où de nombreuses victimes n'étaient pas juives et qui n'étaient pas des camps d'extermination – a été beaucoup plus importante pour les alliés occidentaux. L'effet de cette découverte à l'Ouest a permis de confirmer la nature dictatoriale, barbare et terroriste du régime hitlérien. Il a également permis d'encourager les soldats alliés, qui mènent à cette époque les dernières batailles difficiles en Allemagne, à redoubler d'efforts. D'une manière générale, la découverte des camps n'a pas modifié les intentions des Alliés, parce que l'ampleur du génocide des juifs n'était pas encore bien comprise, et ne l'a été que des années après la guerre. ●

« LA DÉCOUVERTE DES CAMPS N'A PAS MODIFIÉ LES INTENTIONS DES ALLIÉS, PARCE QUE L'AMPLEUR DU GÉNOCIDE DES JUIFS N'ÉTAIT PAS ENCORE BIEN COMPRISE, ET NE L'A ÉTÉ QUE DES ANNÉES APRÈS LA GUERRE. »

Pour en finir, les ultimes offensives militaires alliées en Europe et en Asie

En Europe comme en Asie, l'année 1945 est celle des grandes opérations militaires. En Europe, les Alliés prennent en étau Berlin jusqu'à sa chute. En Asie, les Américains repoussent le Japon, jusqu'à utiliser la bombe nucléaire pour obtenir la capitulation de Tokyo.

PAR JEAN LOPEZ

JEAN LOPEZ
Directeur de la rédaction du bimestriel *Guerres & Histoire* et rédacteur en chef du mook *De la guerre*. Spécialiste de la seconde guerre mondiale et des conflits contemporains, il est l'auteur de plusieurs ouvrages de référence, dont *Barbarossa. 1941. La guerre absolue* (avec Lasha Otkhmezuri, Passés composés, 2019) et *Kharkov 1942* (Perrin, ministère des armées, 2022).

Le 1er janvier 1945, la seconde guerre mondiale fait encore rage sur une vaste portion du globe. En Europe, entre Meuse et Vistule en longitude, entre Baltique et Adriatique en latitude. Quelques dizaines de sous-marins allemands continuent de couler des navires alliés en mer du Nord et dans l'Atlantique ; ce sont des coups d'épingle sans portée, à la différence des milliers d'avions alliés qui, chaque jour, bombardent et mitraillent les territoires tenus par la Wehrmacht. En Asie, la zone des combats terrestres et aéronavals est trente fois plus vaste : de la Birmanie à la Mandchourie sur le continent, de l'archipel japonais aux Philippines et aux Mariannes sur sa bordure maritime. L'Afrique a retrouvé le calme depuis l'expulsion de l'Axe de Tunisie en mai 1943, de même que le continent américain après que le dernier soldat japonais a rembarqué des îles Aléoutiennes en août 1943.

Les forces alliées mènent deux guerres : celle de la coalition dominée par les Etats-Unis et l'Empire britannique, et celle de l'Union soviétique contre le Reich nazi, distincte au point de recevoir un nom particulier : la Grande Guerre patriotique. Du côté de l'Axe, l'Allemagne et le Japon, éloignés de 9 000 kilomètres, se défendent bec et ongles mais sans stratégie commune. Berlin garde de petits alliés moribonds, déjà à demi conquis par l'Armée rouge : la Hongrie, la Slovaquie, la Croatie, la République sociale italienne... Tokyo fait semblant de compter, outre sur la Thaïlande, sur les gouvernements fantoches qu'il a installés en Chine, en Birmanie, en Mandchourie.

L'année 1945 est marquée par de grandes opérations militaires qui participent, pour beaucoup d'entre elles, directement à l'édification du monde d'après-guerre. En Europe, la question majeure de l'année 1945 est celle de la domination de la Mitteleuropa. Au 1er janvier, Berlin se trouve exactement à équidistance de l'Armée rouge et des troupes d'Eisenhower. Staline a avalé, durant l'été 1944, la Roumanie et la Bulgarie ainsi que la moitié de la Pologne (dans ses frontières de 1939), tandis que les Occidentaux atteignaient la ligne Siegfried, la ligne Gothique (au nord de Florence) et libéraient la Grèce en train de basculer dans la guerre civile. L'échec de l'opération aéroportée « Market Garden » contre les ponts d'Arnhem, aux Pays-Bas (septembre 1944), et la contre-offensive surprise des panzers dans les Ardennes (16 décembre 1944-8 janvier 1945) retardent l'avance des Alliés vers le Rhin, et la seconde les contraint à demander à Staline d'avancer son offensive.

L'EXODE ALLEMAND VERS L'OUEST

L'Armée rouge se lance à l'assaut à partir du 12 janvier 1945 : c'est l'opération « Vistule-Oder » (complétée par l'opération contre la Prusse-Orientale). Ses proportions sont gigantesques : 3,5 millions de soldats soviétiques, 8 300 blindés, 60 000 bouches à feu, près de 8 000 avions. Les rapports de force sont écrasants : 4 contre 1 pour les personnels, 8 contre 1 pour les blindés et l'aviation, 11 contre 1 pour l'artillerie... Le 1er Front de Biélorussie et le 1er Front d'Ukraine balaient toute résistance, avancent de 300 à 600 km, parviennent à 60 km de Berlin, s'emparent de toute la Pologne et de la Haute-Silésie, dernière région industrielle allemande intacte. A ce moment, l'Allemagne entière semble promise à Staline. Mais, en février et mars, l'Armée rouge s'arrête sur l'Oder, contrainte de nettoyer ses ailes, au nord en Prusse-Orientale et en Poméranie, au sud en Basse-Silésie. En revanche, Eisenhower refait une partie de son retard avec les opérations « Veritable » et « Grenade » (8 février-10 mars 1945), qui amènent ses 4,5 millions d'hommes, 17 000 blindés et 28 000 avions sur le Rhin moyen.

La résistance allemande se durcit face aux Soviétiques, aidée en cela par les soldats de Joukov, Koniev et Rokossovski, qui pillent, violent et assassinent à grande échelle. L'effroi est tel que près de 5 millions d'Allemands des provinces orientales se lancent en plein hiver dans une fuite vers l'Ouest, anticipant le nettoyage ethnique de régions promises à la Pologne. A l'inverse, la résistance de la Wehrmacht s'effondre à l'ouest, malgré le durcissement de la répression contre les déserteurs ou supposés tels. Américains, Britanniques et Français traversent le Rhin à partir du 22 mars. Une partie de leurs forces passe près d'un mois à encercler et nettoyer la Ruhr, où 316 000 soldats allemands sont capturés.

DIRECTION L'ASIE

Pendant ce temps, au nord les Britanniques, au sud les Américains et les Français pénètrent de 400 kilomètres à l'intérieur du Reich. Eisenhower aurait pu tenter un coup de main sur Berlin mais, le 28 mars, il fait savoir à Staline que la capitale allemande ne l'intéresse pas. Il donne priorité à l'occupation de Kiel et des détroits danois, et lance Patton vers la Saxe et Devers vers la Bavière et l'Autriche – où l'on craint la constitution d'un « réduit alpin » qui est en réalité un bluff de la propagande nazie.

Les Soviétiques ont perdu deux mois à nettoyer leurs ailes et à remettre leurs arrières en ordre afin de lancer leur avant-dernière opération en Europe, vers Berlin, le 16 avril. La capitale est prise d'assaut en dix jours de combats de rue apocalyptiques. La jonction avec les Américains s'est opérée sur l'Elbe le 25 avril, avec les Britanniques à Wismar, sur la Baltique, le 3 mai. Hitler a choisi la Hongrie pour théâtre de sa dernière offensive, dans l'espoir de reprendre Budapest, perdue le 11 février (après un siège de 50 jours qui a fait 150 000 morts), mais, surtout, de conserver les pétroles magyars et autrichiens. L'opération « Eveil du printemps », lancée le 6 mars avec les « fonds de tiroir » (250 000 hommes et 500 chars), échoue rapidement et est aussitôt contre-attaquée par les 2e et 3e Fronts d'Ukraine, commandés par les maréchaux ⟶

LES OPÉRATIONS MILITAIRES EN 1943-1945

Légende

Frontières à la fin de l'année 1945

— Limite du Grand Reich en 1943

▬ Territoire Allié

Territoire repris par les Alliés en...

Janvier 1944	Eté 1944	Janvier 1945	Avril 1945	Mai 1945

Etat neutre

Offensive...

→ ... de l'Armée rouge

→ ... américaine et britannique

→ ... des Partisans

→ Contre-offensive allemande dans les Ardennes

Territoire contrôlé par les Allemands le 8 mai 1945

● Poches de résistance allemande en 1945

XX ◇ Principales batailles

⚓ Jonction des armées

Toponymes

UNION DES RÉPUBLIQUES SOCIALISTES SOVIÉTIQUES
(URSS)

○ Moscou

FINLANDE*

SUÈDE

NORVÈGE

Mer Baltique

Opération Bagration
Juillet-août 1944

Koursk
Juillet-août 1943

Kharkiv

Vilnius

○ Minsk

○ Kiev

Varsovie

POLOGNE

DANEMARK

Mer du Nord

PAYS-BAS

Berlin
Torgau

TCHÉCOSLOVAQUIE

Prague

HONGRIE

ROUMANIE*

Budapest

Mer Noire

IRLANDE

ROYAUME-UNI

Amsterdam

ALLEMAGNE

Munich

Vienne

AUTRICHE

YOUGOSLAVIE

BULGARIE*

○ Londres

BELGIQUE

Ardennes
Déc. 1944-Janvier 1945

Strasbourg

○ Sofia

TURQUIE

Opération Overlord
Juin 1944

Paris

SUISSE

○ Milan

Monte Cassino
Janvier-mai 1944

GRÈCE

FRANCE

Lyon

ITALIE

Rome

Athènes

OCÉAN ATLANTIQUE

Marseille

Provence
Août 1944

Salerne
Septembre 1943

250 km

ESPAGNE

Mer Méditerranée

* Pays ayant rejoint les Alliés à partir de l'été 1944

Infographie *Le Monde*

Sources : Christian Grataloup et Charlotte Becquart-Rousset. *Atlas historique mondial*, 2023, Les Arènes ;
Jean Lopez et al. *Les Opérations de la seconde guerre mondiale en 100 cartes*, 2024, Place des éditeurs

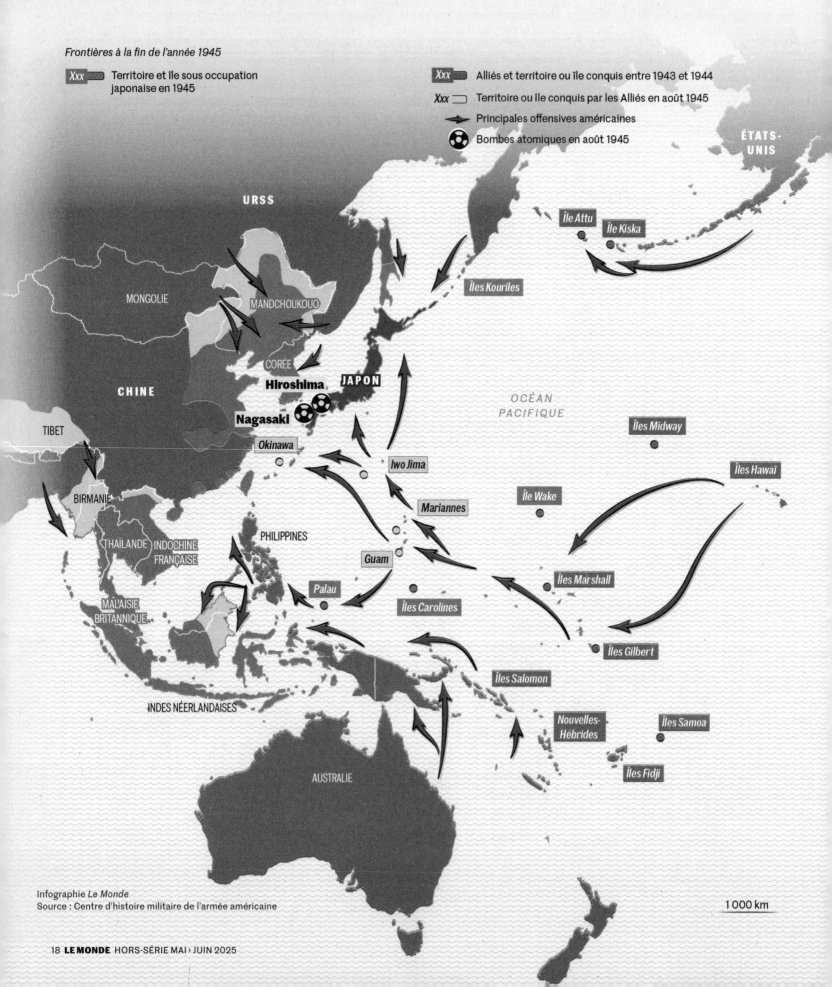

L'OFFENSIVE DES ALLIÉS JUSQU'À LA CHUTE DU JAPON

Frontières à la fin de l'année 1945

Xxx Territoire et île sous occupation japonaise en 1945

Xxx Alliés et territoire ou île conquis entre 1943 et 1944

Xxx Territoire ou île conquis par les Alliés en août 1945

➤ Principales offensives américaines

⊕ Bombes atomiques en août 1945

URSS

ÉTATS-UNIS

MONGOLIE

MANDCHOUKOUO

Île Attu

Île Kiska

Îles Kouriles

CORÉE

Hiroshima

CHINE

JAPON

OCÉAN PACIFIQUE

Nagasaki

TIBET

Okinawa

Îles Midway

Iwo Jima

Îles Hawaï

BIRMANIE

Île Wake

Mariannes

THAÏLANDE INDOCHINE FRANÇAISE

PHILIPPINES

Guam

Palau

Îles Carolines

Îles Marshall

MALAISIE BRITANNIQUE

Îles Gilbert

Îles Salomon

INDES NÉERLANDAISES

Nouvelles-Hébrides

Îles Samoa

AUSTRALIE

Îles Fidji

Infographie *Le Monde*
Source : Centre d'histoire militaire de l'armée américaine

1 000 km

➡ Malinowski et Tolboukhine. Vienne tombe à l'issue d'une semaine de combats de rue (7-14 avril). Au moment où la capitulation sans condition de la Wehrmacht est signée à Reims le 7 mai (cérémonie répétée à Berlin dans la nuit du 8 au 9 mai 1945), et à quelques rectifications près, la ligne de contact entre Soviétiques et Occidentaux court de Wismar, sur la Baltique, à Trieste, sur l'Adriatique. Une dernière opération amène l'Armée rouge à Prague (6-11 mai), dont Patton aurait pu s'emparer une semaine avant Koniev.

La prudence des Américains en Europe s'explique en partie par le vide politique apparu à Washington du fait de l'agonie de Roosevelt, qui meurt le 12 avril. Mais le facteur majeur est la nécessité de dégager des forces d'Europe pour les envoyer face au Japon, dont la reddition n'est pas attendue avant 1946. Pour la même raison, Staline déplace des forces importantes d'Allemagne vers la Sibérie et la Mongolie, afin d'aider à la mise à mort de l'empire nippon promise à Roosevelt *« trois mois après la capitulation de l'Allemagne »*.

MASSACRES KAMIKAZES

En Asie, le 1er janvier 1945, l'empire nippon semble en meilleure posture que le Reich. Il se paie même le luxe d'achever l'énorme opération « Ichi-Go », lancée en avril 1944 en Chine centrale. Elle avait deux objectifs : enlever aux bombardiers américains leurs bases chinoises ; aménager une route continentale de substitution vers le Sud-Est asiatique, les sous-marins américains interdisant les transferts maritimes. Les bases sont certes occupées, mais, par ailleurs, la conquête de Guam, Tinian et Saipan (archipel des Mariannes) permet aux B29 de disposer de nouvelles pistes : la campagne de bombardements du Japon ne cesse donc pas et rend même illusoire tout acheminement de moyens par la Chine. Pour alimenter « Ichi-Go », les Japonais ont dû réduire leur présence dans le nord du pays, où se trouvent les maquis communistes. Quant aux forces de Tchang Kaï-chek, elles ont subi de telles pertes (750 000 hommes) qu'elles n'ont plus de valeur combative. En somme, « Ichi-Go » est un désastre pour les Japonais comme pour les nationalistes qui profite aux seuls communistes.

L'armée impériale est en passe de perdre la Birmanie face à l'offensive déclenchée en septembre 1944 par les Britanniques. Mais la campagne s'éternise jusqu'en août 1945 et, de toute façon, ce théâtre n'a plus de signification stratégique, puisque la Chine est trop mal en point pour profiter d'un appui lui parvenant par cette voie. La mise à mort du Japon est administrée par la puissance aéronavale des Etats-Unis. La prise des Mariannes (juin-novembre 1944) permet aux divisions de MacArthur, appuyées par les task forces de l'amiral Nimitz, de conquérir l'archipel philippin entre août 1944 et mars 1945. Dans un ultime effort pour conserver cette position vitale, car contrôlant leur accès aux matières premières des ex-Indes néerlandaises, la marine japonaise se sacrifie, en vain : elle perd ce qui lui reste de muscles – 28 navires dont 4 porte-avions, 3 cuirassés et 10 croiseurs – au cours de la bataille du golfe de Leyte. La libération des Philippines est la plus grande entreprise combinée de l'histoire : les Américains y ont engagé 35 porte-avions, 12 cuirassés, 24 croiseurs, 116 destroyers, 1 000 autres navires de toute nature, 1 500 avions embarqués et 1 200 autres basés à terre, plus 1 250 000 hommes, en comptant les unités de soutien et les guérilleros philippins.

Même sans les ressources du Sud-Est asiatique, le Japon peut continuer la lutte en s'appuyant sur son empire du Nord (Corée, Mandchourie, Chine septentrionale). Dès lors, en préalable à tout débarquement dans l'Archipel, les Américains doivent en entreprendre le siège aéronaval, le priver de matières premières et de produits alimentaires, réduire ses villes et son appareil productif en cendres. Avant toute attaque directe, il est nécessaire de conquérir des bases rapprochées. C'est l'objectif des deux opérations sur les îles d'Iwo Jima (19 février-26 mars 1945) et d'Okinawa (1er avril-22 juin). La première occasionne 28 696 pertes américaines, la plupart dans les trois divisions de marines engagées ; seuls 216 des 21 000 défenseurs japonais sont capturés, tous les autres sont morts au combat ou se sont suicidés. La violence franchit un nouveau palier à Okinawa, du fait du sacrifice de 1 500 avions kamikazes, qui envoient par le fond 36 navires et en endommagent 386 autres.

LE PIRE VIENT DES AIRS

La bataille terrestre sur l'île provoque un carnage côté japonais : 107 000 soldats tués plus 140 000 civils. En face, on déplore 80 000 pertes, dont 12 697 tués et 23 000 cas de stress post-traumatique sévères, soit 40 % des forces engagées hors de combat. Mais le pire vient des airs. 27 261 sorties de bombardiers, principalement des « superforteresses volantes » Boeing B-29, larguent 160 800 tonnes de bombes sur l'Archipel. Tokyo est incendiée dans la nuit du 9 au 10 mars, au moins 100 000 habitants périssent dans un brasier de proportions terrifiantes. Les deux bombes atomiques larguées sur Hiroshima (6 août) et sur Nagasaki (9 août) parachèvent le massacre. Le décompte de ces deux frappes est imprécis : entre 103 000 et 220 000 morts sur le coup.

> TOKYO EST INCENDIÉE, AU MOINS 100 000 HABITANTS PÉRISSENT DANS UN BRASIER DE PROPORTIONS TERRIFIANTES. LES BOMBES ATOMIQUES SUR HIROSHIMA ET SUR NAGASAKI PARACHÈVENT LE MASSACRE.

Le jour même de la destruction de Nagasaki se déclenche une des plus grandes opérations de toute la guerre, qui contraint les Américains à partager avec Staline les fruits de la victoire en Asie. Rompant son pacte de neutralité du 13 avril 1941, l'URSS attaque sur un front immense les 950 000 soldats japonais, mandchous et mongols des cinq armées qui gardent la Mandchourie et l'accès à la Corée. 1,6 million de soldats soviétiques, 5 536 chars et 3 721 avions percent, enveloppent et détruisent tout ce qui s'oppose à eux. Franchissant montagnes, forêts et déserts, les colonnes blindées rouges parcourent 600 à 1 000 kilomètres, précédées par des largages aéroportés et des débarquements sur les côtes de Corée, des îles Sakhaline et Kouriles.

En quinze jours, les Soviétiques sont à Port-Arthur et à Pyongyang, et à quelques encablures de Hokkaido, l'île septentrionale du Japon. Ceux des généraux nippons que les bombes atomiques n'avaient pas acquis à l'idée de reddition sans condition – signée le 2 septembre à Tokyo – le sont cette fois à l'idée que l'Armée rouge pourrait installer un régime communiste sur le sol de l'Archipel. Cette immense victoire soviétique pave la route de celle des communistes coréens et chinois. C'est l'acte de naissance de l'Asie du Nord telle que nous la connaissons encore. ●

HIROSHIMA-NAGASAKI : ET LE MONDE ENTRE DANS L'ÂGE ATOMIQUE

Le 6 août 1945, les Américains lancent une bombe nucléaire sur Hiroshima, au Japon. Trois jours plus tard, c'est au tour de Nagasaki d'être la cible de cette nouvelle arme dévastatrice. Une page inédite s'ouvre dans l'histoire de la guerre. Et de l'humanité.

PAR RENAUD MELTZ

RENAUD MELTZ
Historien, il est directeur de recherche au CNRS (Centre Alexandre-Koyré). Ses travaux portent notamment sur les essais nucléaires. Il a codirigé *Des bombes en Polynésie* (Vendémiaire, 2022) et *Un deuxième contact ? Histoire et mémoires du Centre d'expérimentation du Pacifique* (Editions de la MSH-P, 2025).

Nous autres, civilisations, nous savons maintenant que nous sommes mortelles »*, soupire Paul Valéry au lendemain de la Grande Guerre qui ébranle le complexe de supériorité des Européens. *«Il va falloir choisir, dans un avenir plus ou moins proche, entre le suicide collectif ou l'utilisation intelligente des conquêtes scientifiques »*, s'alarme Albert Camus, deux jours après le bombardement de Hiroshima par les Américains. Avec l'entrée dans l'âge atomique, ce n'est plus le sort de la civilisation occidentale qui est en jeu, mais l'existence de l'humanité dans son ensemble.

Le *« décalage prométhéen »* entre la capacité technique de destruction de l'humanité par l'homme et la capacité de celui-ci à se la représenter ouvre une nouvelle page de l'histoire. Le philosophe autrichien Günther Anders en tire la conclusion de l'*« obsolescence de l'homme »* en 1956. Entre-temps, l'équilibre mondial a oscillé : la superpuissance américaine fondée sur le monopole atomique a bientôt laissé place à l'équilibre de la terreur, altérant pour longtemps la notion même de guerre.

De quand dater le début de l'âge atomique ? Des brevets déposés par Joliot-Curie, en 1939, qui décrivaient le chemin théorique pour fabriquer une bombe atomique ? Des débuts du projet Manhattan, qui vise à faire plier l'Allemagne nazie et à la devancer ? De Trinity, le premier essai atomique, réalisé à Alamogordo (Nouveau-Mexique) le 16 juillet 1945 ?

HIROHITO S'EXPRIME À LA RADIO

Trinity démontre le caractère opérationnel de l'arme. La situation internationale s'en trouve immédiatement modifiée. Entre la conférence de Yalta (février 1945), où l'entrée en guerre de l'URSS contre le Japon est programmée, et celle de Potsdam (juillet-août 1945), l'ambiance change entre les Alliés. La mort de Roosevelt, le 12 avril 1945, y est pour quelque chose, lui qui plaidait pour préserver l'entente avec Moscou. Mais les relations se dégradent surtout du fait de l'asymétrie créée par la maîtrise solitaire de la bombe atomique. Pendant la conférence de Potsdam, Londres et Washington formulent un ultimatum en commun : *« Nous appelons le gouvernement du Japon à prononcer aujourd'hui la capitulation sans condition de toutes les forces armées japonaises. »* La menace atomique demeure innommée : *« Sinon, le Japon subira une destruction rapide et totale. »* Face au refus de capituler du Japon, les Etats-Unis bombardent Hiroshima le 6 août 1945, sans prévenir Moscou.

Au lendemain de Trinity, le comité intérimaire présidé par le ministre de la guerre, Henry Stimson, composé du secrétaire d'Etat, James F. Byrnes, représentant du président, de hauts fonctionnaires et de scientifiques, a plaidé pour un usage sans délai de l'arme contre le Japon. Hiroshima et Nagasaki sont ciblées pour leur potentiel industriel et leur forte densité de population. Kyoto, l'ancienne capitale impériale, est épargnée au titre de son patrimoine architectural. Hiroshima, son port, ses usines de munitions et ses 350 000 habitants, devient plus qu'une cible : une sorte de laboratoire où démontrer l'efficacité de l'arme atomique. Les bombardiers conventionnels l'ont épargnée afin de mesurer l'impact de la bombe atomique.

Malgré les 60 000 à 80 000 morts d'un coup, le Japon ne capitule pas. Une deuxième bombe vise, trois jours plus tard, le port de Nagasaki. Ce deuxième bombardement – qui tue quelque 50 000 personnes, occultant les bombardements incendiaires nocturnes, et l'offensive en Mandchourie de l'URSS, qui entre en guerre contre le Japon – conduit l'empereur à capituler. Le 15 août, Hirohito évoque à la radio la vulnérabilité de l'humanité entrée dans l'âge atomique : *« L'ennemi a mis en œuvre une bombe nouvelle d'une extrême cruauté, dont la capacité de destruction est incalculable et décime bien des vies innocentes. Si nous continuions à combattre, cela entraînerait non seulement l'effondrement et l'anéantissement de la nation japonaise, mais encore l'extinction complète de la civilisation humaine. »*

UN SIGNAL ENVOYÉ À MOSCOU

Truman, qui n'a pas la légitimité de l'élection, comme ancien vice-président de Roosevelt, justifie l'usage de l'arme hors norme en invoquant précisément les normes internationales : *« Nous avons utilisé la bombe contre ceux qui nous ont attaqués sans sommation à Pearl Harbor, contre ceux qui ont affamé et torturé les prisonniers de guerre américains, contre ceux qui ont refusé systématiquement d'obéir aux lois internationales de la guerre. Nous avons utilisé la bombe pour réduire le temps de l'agonie de la guerre. »* D'un point de vue juridique et moral, il est malaisé de justifier le bombardement des populations civiles de deux villes japonaises par celui d'une base militaire. Truman, qui ne s'embarrasse pas de telles considérations, décrit les Japonais comme des animaux à traiter comme tels.

L'ARME ATOMIQUE NE CONSTITUE PAS UNE ASSURANCE ABSOLUE – ELLE DEMEURE SANS EFFET SUR LES ORGANISATIONS TERRORISTES, LES ATTENTATS DU 11 SEPTEMBRE 2001 EN TÉMOIGNENT.

En interne, James F. Byrnes invoque une logique fonctionnelle : le programme a trop coûté (130 000 salariés, 1% du PIB annuel) pour ne pas être utilisé. Henry Stimson justifie, de son côté, l'usage de l'arme atomique par les vies des soldats américains épargnées. Il évoque 1 million de morts pour une invasion au Japon, ce qui exagère considérablement le coût probable d'une telle opération militaire réitérant les débarquements de Normandie et de Provence. Aussi bien, le général Eisenhower, qui commande alors les troupes alliées en Europe, ne dissimule pas à Truman son peu d'enthousiasme pour l'emploi de l'arme atomique dans le Pacifique. Enfin, le choix d'utiliser la bombe A relève de la stratégie : devancer l'URSS et éviter un partage dans la zone ; envoyer un signal à l'allié devenu rival.

Le message est bien reçu par Staline, qui interprète Hiroshima comme une menace sur sa propre capacité d'action en Europe et en Asie. Informé du projet Manhattan par ses espions, il accélère le programme soviétique, qu'il confie au terrible Beria, responsable du « comité d'Etat pour le problème numéro un ». Un problème traité en augmentant la pression du renseignement militaire sur la technologie américaine et en soutenant désormais massivement les recherches menées par les physiciens soviétiques, avec à leur tête Igor Kourtchatov.

LA MENACE DE L'APOCALYPSE

Les chercheurs sont mis sous pression dans des « villes spéciales », laboratoires consacrés à la science mais aussi cités fermées et secrètes (Kourtchatov n'espère pas survivre à un échec), tandis que les diplomates soviétiques repoussent la proposition américaine d'empêcher la prolifération de l'arme. Truman mobilise la Commission de l'énergie atomique de l'ONU, créée dès le 24 janvier 1946. Le plan Baruch proposait de détruire l'arsenal atomique états-unien à condition que l'ONU contrôle l'arrêt de toute production de bombes dans le monde. Il est ajourné.

Les Soviétiques réussissent leur premier essai d'une arme atomique dans le polygone de Semipalatinsk, au Kazakhstan, le 29 août 1949, bien plus tôt que ne s'y attendait Washington, ruinant l'espoir américain de la non-prolifération. La fin du monopole nucléaire états-unien marque le début d'une course aux armements. Le 1er novembre 1952, les Etats-Unis réalisent le premier essai d'une bombe à hydrogène, ou H : « Ivy Mike », testée sur l'atoll d'Eniwetok, dans les îles Marshall, délivre 10 mégatonnes (Mt), presque 1000 fois plus que les 15 kilotonnes (kt) de TNT de « Little Boy », lancée sur Hiroshima. Dès l'année suivante, les Soviétiques mettent au point des bombes à fission dopée atteignant les 400 kt. Le physicien Andreï Sakharov maîtrise la fusion et met au point la bombe H.

Les Soviétiques font exploser en 1961 « Tsar Bomba », l'engin le plus puissant jamais testé, avec ses 57 Mt de TNT. L'équilibre de la terreur alimente l'imagi-naire de l'apocalypse et modifie le rapport entre Alliés : l'URSS n'est plus seulement une menace politique mais aussi militaire. L'Alliance atlantique, créée au printemps 1949, se transforme en organisation militaire intégrée. Les Etats-Unis ouvrent leur parapluie nucléaire à leurs alliés et créent des bases dotées de missiles atomiques en Europe et en Asie.

UNE DILUTION DE L'HORREUR

L'arme nucléaire est-elle une arme comme une autre ou modifie-t-elle radicalement la façon de faire la guerre et de la redouter ? Son emploi met fin au conflit dans le Pacifique. Devenue une arme de non-emploi dans la doctrine de la plupart des puissances qui la possèdent, la bombe atomique ne constitue toutefois pas une rupture absolue avec les armes conventionnelles, ainsi désignées parce qu'elles obéissent aux lois de la guerre comme les conventions de Genève. Exceptionnelle par son pouvoir de destruction, qui menace l'existence de l'humanité, et parce qu'elle déroge au droit international, la bombe atomique ne se situe pas pour autant dans un au-delà stratégique et temporel dont l'emploi serait perpétuellement différé.

Il existe une continuité technologique et stratégique entre les types d'armes : la plupart des puissances dotées ont prévu l'usage tactique de bombes de faible puissance comme une superartillerie pour compenser leur infériorité en armes conventionnelles ou pour envoyer un « ultime avertissement » à un agresseur. Symétrique-ment, certaines armes convention-nelles, bombes renforcées, plus précises qu'aux débuts de l'âge atomique, sont entrées dans le dispositif stratégique, à l'instar des armes nucléaires, et font partie de la rhétorique de la dissuasion. L'arme atomique ne constitue pas une assurance absolue pour ses détenteurs, face à ceux qui ne la possèdent pas – elle demeure sans effet sur les organisations terroristes, les attentats du 11 septembre 2001 en témoignent. Enfin, la chance est parfois venue au secours de la rationalité supposée des acteurs de la dissuasion nucléaire pour que l'arme demeure de non-emploi pendant certaines crises qui auraient pu dégénérer entre puissances dotées.

Faut-il remettre en question l'exceptionnalité de l'arme nucléaire du côté des victimes ? Les bombardements de Hiroshima et de Nagasaki ont créé une catégorie spécifique de victimes, dotée d'un nom propre, les « *hibakusha* ». Cette notion, propre à l'âge atomique, s'est progressivement étendue aux victimes d'accidents d'essais nucléaires (« Castle Bravo » à Bikini, en 1954) ou d'installations civiles (Tchernobyl, Fukushima), manifestant une sorte de dilution progressive de l'horreur de Hiroshima. Les travaux de Masatoshi Inoue montrent qu'elle n'a pas imprégné profondément l'opinion française à la fin de la guerre. La couverture médiatique n'a guère fait entendre la voix des *hibakusha*, ce qui a sans doute facilité l'entrée de la France dans le cercle étroit des puissances dotées, mais c'est une autre histoire… ●

DERNIER ESSAI ? – Explosion d'une bombe atomique aux Etats-Unis. le 16 juillet 1945.

LES DIX DERNIERS JOURS D'HITLER

Cloîtré dans son bunker à Berlin depuis fin mars 1945, le Führer poursuit la guerre jusqu'au 22 avril, quand, pour la première fois, il admet sa défaite. Il se suicide huit jours plus tard, le 30 avril.

PAR JEAN LOPEZ

Le vendredi 20 avril 1945, Adolf Hitler fête son 56e anniversaire dans le bunker situé sous les jardins de la chancellerie du Reich, où il a emménagé de façon définitive le 30 mars. Physiquement, c'est une épave, ravagée par la maladie de Parkinson. Mais sa volonté demeure intacte. Comment interpréter qu'il joue encore au chef de guerre en déplaçant des divisions qui ne sont plus que des bataillons ? A-t-il perdu contact avec le réel, ou joue-t-il la comédie pour sculpter son image de combattant pour la postérité ?

LA BATAILLE DE BERLIN, PETITE APOCALYPSE DANS LA GRANDE. HITLER Y CHERCHE UN FINAL FURIOSO WAGNÉRIEN ; STALINE ACCEPTE DE PAYER DE 200 000 PERTES HUMAINES LA PRISE D'ASSAUT DU « *REPAIRE DE LA BÊTE FASCISTE* ».

Aucun esprit sensé, en tout cas, ne peut entretenir le moindre doute sur l'issue. Les derniers espoirs de contenir la coalition ennemie ont disparu, à l'ouest, le 22 mars, quand la IIIe armée américaine a franchi le Rhin ; à l'est, le 27 mars, avec la dernière tentative de la IXe armée de déloger l'Armée rouge de sa tête de pont sur l'Oder. Tandis que les armées occidentales se répandent jusqu'à l'Elbe sans résistance organisée, ce même 20 avril, les premiers chars soviétiques sont signalés dans la banlieue est de la capitale allemande. Pour la 389e et dernière fois depuis 1939, les sirènes hurlent pour annoncer l'ultime bombardement des quadrimoteurs anglo-saxons.

C'est aussi le jour de son anniversaire qu'Hitler prend ses deux dernières décisions importantes. La première : il n'ira pas se réfugier dans le « *réduit alpin* », ce à quoi le presse son entourage. Il restera à Berlin. La seconde : les lambeaux de la Wehrmacht se battront encore dans la capitale, alors que ses généraux pensaient la déclarer ville ouverte pour filer avec leurs hommes afin de se rendre aux Américains. La bataille de Berlin, petite apocalypse dans la grande, doit ainsi son existence aux volontés croisées d'Hitler et de Staline. Le premier y cherche un finale furioso wagnérien ; le second accepte de payer de 200 000 pertes humaines la prise d'assaut du « *repaire de la bête fasciste* ». Pour le Soviétique, l'enjeu symbolique est énorme : que ce soit l'Armée rouge qui conquiert le Reichstag et la chancellerie désignera pour toujours aux yeux du monde le *véritable* vainqueur du nazisme. Les Occidentaux, qui auraient pu s'emparer de la capitale avant les Soviétiques, ont jugé en revanche que le jeu n'en valait pas la chandelle.

LA CUISINIÈRE, LE COIFFEUR ET LES SIX ENFANTS GOEBBELS

Dans le bunker, l'entourage immédiat d'Hitler se réduit à moins de 90 personnes : quelques dignitaires du parti nazi et chefs militaires, ses aides de camp et ordonnances, deux secrétaires et deux sténographes, sa cuisinière, son valet de chambre, un coiffeur, une infirmière, deux téléphonistes, des gardes du corps SS, son médecin personnel, et sa future épouse, Eva Braun, revenue volontairement de Berchtesgaden le 7 mars. A cet aréopage s'ajoutent, le 22 avril, Magda Goebbels et ses six enfants : Helga (12 ans), Hildegard (11), Helmut (9), Holdine (8), Hedwig (7) et Heidrun (4). Tous ont des prénoms qui commencent par H en l'honneur du Führer, auquel Magda voue un culte qui ne le cède en rien à celui de son mari, le ministre de la propagande. La mère transporte sur elle les sept doses de poison que lui a données le SS Otto Skorzeny en échange d'une bouteille de whisky. Il reste onze jours à vivre à Joseph et Magda Goebbels et à leurs enfants, et dix jours à Hitler : tous les passent cloîtrés dans un bunker étroit et sinistre, 6 mètres sous terre, dégoulinant d'humidité, dominé par le bruit d'une ventilation impuissante à chasser la poussière des combats qui se déroulent en surface.

Ces dix derniers jours sont connus par les récits des survivants du bunker et des visiteurs de passage, de plus en plus rares. Jusqu'au bout, les chefs militaires présents tiennent des points de situation, comme ils le font depuis le 1er septembre 1939. Des messagers peuvent circuler jusqu'au 25 avril, jusqu'à ce que les maréchaux Joukov et Koniev achèvent l'encerclement de la ville. Le télex fonctionnera jusqu'au 29 avril et permettra à Hitler de donner des instructions aux commandants des trois groupes de forces qui combattent dans Berlin ou qui pourraient intervenir dans la bataille : le « détachement d'armée » du général SS Felix Steiner au nord, la XIIe armée du général Walther Wenck au sud, le LVIe corps de panzers commandé par le général Helmuth Weidling, ainsi que divers groupes de SS et de Jeunesses hitlériennes à l'intérieur de la ville. Les appels à Steiner et à Wenck sont vains : le premier fait savoir, le 22 avril, qu'il n'est pas en mesure de bouger. C'est à ce moment que, pour la première fois en public, Hitler reconnaît que la guerre est perdue. Le général Wenck attaque avec trois divisions mal en point et parvient même jusqu'aux lacs de Potsdam avant d'être bloqué puis de reculer.

DISTRIBUTION GÉNÉRALE DE CYANURE

Hitler a commencé à prendre des dispositions en vue de son suicide et de celui de ceux qui voudront bien l'imiter. Le 22, il donne ordre de détruire tous ses papiers et biens personnels, où qu'ils se trouvent. Le 24, il fait distribuer des capsules de cyanure aux habitants du bunker. Le lendemain, il donne instruction à son valet, Heinz Linge, de brûler son cadavre et celui d'Eva Braun, qu'il épousera le 28 avril à minuit.

Il règle également ses comptes avec les deux hommes qui ont été des piliers du IIIe Reich : Göring et Himmler. Tous deux ont longuement hésité à se substituer au Führer mais s'y sentent encouragés après que, le 22 avril, celui-ci s'est écrié, apprenant le refus de marcher du général Steiner : « *Dans ces conditions, je ne suis plus en mesure de commander* »,

déclaration qui pouvait passer pour une abdication. Göring, depuis longtemps disgracié mais toujours officiellement dauphin, est arrêté par les SS à Berchtesgaden, le 24 : la veille, il avait envoyé un message radio par lequel il se considérerait détenteur des pleins pouvoirs sans réponse contraire d'Hitler avant 22 heures. Himmler, qui demeure l'homme le plus puissant du Reich, tente d'obtenir des Occidentaux une capitulation partielle et va jusqu'à faire parvenir à de Gaulle une offre d'alliance ! Sa tentative est rendue publique et parvient le 28 au bunker, par la radio. Hitler, en train de rédiger son testament, exclut aussitôt Himmler de sa succession. Ne pouvant atteindre le *« fidèle Heinrich »* (Himmler), il fait fusiller son homme de liaison, le général SS Fegelein, par ailleurs déserteur et son propre beau-frère puisqu'il a épousé une sœur d'Eva Braun.

Le 29 avril, Hitler dicte son testament politique à l'une de ses deux secrétaires, Traudl Junge. Le grand amiral Dönitz devient président du Reich et commandant en chef de la Wehrmacht, avec mission de mener encore et toujours la guerre. Himmler est chassé du parti, ses attributions partagées entre deux gauleiters parmi les plus durs, Karl Hanke et Paul Giesler. Goebbels hérite de la chancellerie, Bormann est ministre du parti, Seyss-Inquart prend les affaires étrangères, Schörner le haut commandement de l'armée de terre. La conclusion

du testament rappelle le sens profond du combat nazi : « *Avant toute chose, je fais obligation à la direction de la nation (...) de maintenir scrupuleusement les lois raciales et de poursuivre la résistance impitoyable contre le poison de tous les peuples, la juiverie internationale !* »

« IL EST MORT EN HÉROS »

En dehors du bunker, la machine à broyer nazie continue à tourner, de plus en plus chaotiquement, de plus en plus cruellement aussi. Hitler n'est déjà plus qu'un fantôme, sans prise réelle sur un appareil d'État, un parti et une armée en voie de désintégration. Mais tous les Allemands savent qu'il est là, et cela suffit pour qu'*en son nom* l'on continue à tuer et à être tué. Chaque jour, en moyenne, 30 000 êtres humains perdent la vie sur les différents fronts, dans les villes bombardées, dans les convois de réfugiés qui fuient l'Armée rouge, sur les navires qui s'aventurent en mer Baltique, dans les prisons, les camps de concentration et les 20 000 lieux de détention répertoriés, dans les trains, sur les chemins par où l'on évacue les déportés.

L'avant-dernier acte, le plus important – le dernier étant les capitulations des 7, 8 et 9 mai –, se joue aux alentours de 15 h 30, le 30 avril : Eva Braun se donne la mort par le poison et Hitler se tire une balle dans la tempe droite. A 21 h 40, le lendemain, le Grossdeutscher Rundfunk, la radio nationale, ment une

dernière fois en dissimulant le suicide : « *Notre Führer Adolf Hitler est tombé à son poste de commandement de la chancellerie en luttant jusqu'à son dernier souffle pour l'Allemagne et contre le bolchevisme.* » Et son successeur, le grand amiral Dönitz, de renchérir sur les ondes : « *Il est mort en héros.* » Un simple citoyen, Friedrich Kellner, qui tient depuis 1933 un journal secret violemment antinazi, entend ces mots de Dönitz et écrit à chaud : « *C'est ainsi qu'on commence à construire une légende. (...) Le plus fou de tous les systèmes politiques a trouvé la fin qu'il mérite. (...) La victoire des Américains, des Anglais et des Russes était indispensable pour détruire la folie nationale-socialiste et ses plans de conquête du monde.* » ●

CES GÉNÉRAUX VAINQUEURS DE L'ALLEMAGNE ET DU JAPON

En Europe ou en Asie, ils ont passé la guerre à réfléchir et à agir contre l'ennemi, pour finir par le terrasser. Américains, Anglais ou Soviétiques, neuf portraits d'officiers qui ont battu les forces du IIIᵉ Reich ou celles du pays du Soleil-Levant.

PAR JEAN-FRANÇOIS MONDOT

Dwight EISENHOWER
« Ike », un chef « sachant cheffer »

« Un type sympa. Mais pas un soldat. » Cette flèche empoisonnée, lancée par le général Montgomery, renvoie à un détail biographique précis. Dwight Eisenhower n'a jamais combattu sur le champ de bataille. Sa carrière est celle d'un officier d'état-major doué. Le général George Marshall le repère en 1941 au bureau des plans de guerre. En décembre 1943, il est nommé commandant suprême des forces alliées. Comment « Ike » (surnom acquis dans son enfance) s'impose-t-il face à un Montgomery, un Patton ou un MacArthur ? Hélène Harter, dans sa biographie (*Eisenhower. Le chef de guerre devenu président*, Tallandier, 2024), souligne un fait essentiel : Ike est l'homme aux cinq débarquements (Afrique du Nord, Sicile, Italie, Normandie et Provence). Un débarquement ne se programme pas comme un pique-nique sur la plage. C'est une affaire de logistique lourde. Eisenhower y excelle. Cet organisateur hors pair possède un deuxième atout : sa finesse diplomatique. Il est à la tête d'une coalition de pays dont les agendas divergent. Il faut comprendre ces intérêts, les ménager. Eisenhower y parvient avec maestria. Son troisième mérite, relève Hélène Harter, est de

« savoir cheffer ». Ike sait s'entourer, déléguer, et trancher. On ne lui connaît que quelques décisions proprement militaires tout au long de la guerre. Mais c'est à lui que revient la plus lourde : celle, prise le 5 juin 1944, de débarquer le lendemain malgré des conditions météo guère optimales. Ce jour-là, Ike avait le poids du monde sur les épaules.

George C. MARSHALL
L'architecte de la victoire

Homme réservé, Marshall laissa à Eisenhower la gloire médiatique de la victoire sur les nazis. Dans l'ombre, c'est pourtant lui qui était à la manœuvre. Chef d'état-major de l'armée depuis 1939, supérieur hiérarchique d'Eisenhower, il est chargé de la guerre en Europe et en Asie. Entre Roosevelt et Marshall, de même qu'entre Marshall et Eisenhower, il n'y eut jamais l'épaisseur d'une feuille de papier à cigarettes. Cette fluidité explique l'efficacité de la machine de guerre américaine. Les qualités de Marshall rappellent celles d'Eisenhower. Un superorganisateur capable de repérer les talents et de faire travailler un collectif. Sous son égide, l'armée américaine passe de 200 000 hommes en 1939 à 8 millions en 1944. De famélique, elle devient un rouleau compresseur. Son efficacité n'a d'égale que sa vision stratégique. Dès 1942, il pose un choix déterminant : regrouper les forces alliées pour attaquer l'ennemi le plus fort, l'Allemagne, par un débarquement en France. Sa doctrine s'impose. Quelques mois avant « Overlord » (le Débarquement du 6 juin), Roosevelt envisage de lui confier le commandement de l'opération. Mais Marshall a un défaut : il s'est rendu indispensable à Washington. Roosevelt hésite, lui envoie un mot : *« Je ne pourrai pas dormir si vous êtes en dehors du pays. »* Ce sera Eisenhower. Fut-il déçu ? Il ne l'avoua en tout cas jamais.

Bernard LAW MONTGOMERY
Prudent ou génial ?

Cassant, le général britannique Bernard Montgomery l'était assurément. Egocentrique, on ne saurait le nier. Mais sur le champ de bataille, que valait « Montgomery of Alamein », nom qu'il arbora à partir de son anoblissement par la reine en 1946 ? Les historiens anglais vénèrent Montgomery. Les Américains le chicanent volontiers. Montgomery, disent-ils, ne s'engage que quand il est vraiment sûr de gagner. Un vainqueur à la petite semaine. Comme à El-Alamein (Egypte), en 1942, sa victoire la plus célèbre, où il attend que l'armée allemande tombe dans son escarcelle comme un fruit mûr. L'historien Daniel Feldmann, auteur de la seule biographie en français du général britannique, s'est replongé dans le dossier. En novembre 1942, à El-Alamein, confronté à l'armée de Rommel, « Monty », comme on le surnomme, attaque violemment l'Afrika Korps. Mais au lieu de s'enfoncer dans les lignes adverses, il enterre ses chars, avant de recommencer le lendemain. *« Rommel attendait qu'il perce pour lancer une contre-offensive sur ses flancs, en se livrant à une guerre de mouvement où l'Afrika Korps excelle. Montgomery le sait. Il force donc Rommel à un combat statique où celui-ci s'épuise. Il fixe ses propres règles du jeu. »* En Normandie, c'est la même chose. Il semble piétiner devant Caen, mais le statu quo est en trompe-l'œil : *« Montgomery multiplie les attaques, les Allemands engagent leurs réserves, ce qui était son but, et ils finissent par rompre. »* Pour Daniel Feldmann, l'irascible Anglais est *« un acteur central de la victoire des Alliés sur le nazisme »*.

Chester NIMITZ
Le vainqueur de Midway

En décembre 1941, Chester Nimitz prend la tête d'un champ de ruines fumantes : la marine américaine après Pearl Harbor. L'un des mérites de cet ancien sous-marinier est la clarté de sa vision stratégique. Il comprend tout de suite les batailles aéronavales, où les porte-avions s'affrontent à distance, qui vont être cruciales. Chargé du Pacifique Centre, il se montre aussi pondéré que son collègue MacArthur, chargé du Pacifique Sud-Est, est flamboyant. Son mot d'ordre : prendre des risques calculés. A Midway, avant-poste américain situé au milieu du Pacifique, il va pourtant faire preuve d'audace. Nous sommes en

> **PHYSIQUEMENT, KONIEV ET JOUKOV SEMBLENT TAILLÉS DANS LE MÊME MOULE. JOUKOV EST UN TAUREAU, KONIEV UN BUFFLE. ILS PARTAGENT LA MODESTIE DES ORIGINES, ET CES ENFANCES ÂPRES À LA GORKI.**

juin 1942. A ce moment-là, les Américains ne disposent pas encore de la supériorité matérielle. Au contraire, les Japonais peuvent compter sur huit porte-avions, les Américains seulement trois. *«Nimitz, dans une logique très napoléonienne, rassemble ses forces, tandis que les Japonais font l'erreur de se disperser»*, résume Nicolas Bernard, auteur d'une histoire navale de la seconde guerre mondiale. Il bénéficie en outre d'un avantage de taille : l'un de ses cryptanalystes vient de fracturer le code naval japonais JN 25-b. Or, dans une bataille de porte-avions, localiser les positions ennemies est vital. L'amiral Yamamoto, qui commande la flotte japonaise, subit un revers majeur. Les Japonais perdent quatre porte-avions (contre un américain) et 3 000 morts. A partir de Midway, le Japon n'a plus les moyens de prendre l'initiative. Le rapport de force dans le Pacifique vient de s'inverser.

Douglas MACARTHUR
Le croisé des Philippines

Chassé des Philippines en 1942 (*«I shall return»*, *«Je reviendrai»*), Douglas MacArthur n'aura de cesse qu'il efface cet affront. Y revenir en vainqueur devient une quête obsessionnelle. Le 20 octobre 1944, c'est chose faite, au prix de nombreuses pertes. Le général préféré de Donald Trump a parfois été jugé sévèrement par la postérité. Un aventurier mégalo ? Une baudruche narcissique ? Qu'y a-t-il derrière cette silhouette identifiable entre toutes, avec ses Ray-Ban sur le nez et sa célèbre pipe de maïs au bec ? Nicolas Bernard, auteur d'une histoire de la guerre du Pacifique, brosse de MacArthur un portrait nuancé : *«Chez lui, les erreurs voisinent avec les coups de génie.»* Conseiller militaire du gouvernement philippin avant Pearl Harbor, il affirme haut et fort que les forces philippines et américaines sont prêtes face à une attaque japonaise. Manifestement, elles ne le sont pas. Dix heures après Pearl Harbor, les bombardiers B-17 américains sont détruits au sol. Une humiliation. MacArthur se montre plus à son avantage par la suite. *«Lors de la libération des Philippines, en 1944-1945, il affronte Yamashita, le meilleur général japonais, et mène contre lui des opérations dans les règles de l'art en misant souvent sur la surprise»*, souligne Nicolas Bernard. Mais la clé de MacArthur est politique. Anticommu-

niste fervent, il juge essentiel, dans l'optique de l'après-guerre, que les Etats-Unis conservent les Philippines. Sa croisade philippine n'était donc pas seulement une aventure personnelle.

Gueorgui K. JOUKOV
Le pompier volant de Staline

Un physique de paysan râblé à la Khrouchtchev. Une enfance dure, comme chez tant de maréchaux soviétiques. Gueorgui Konstantinovitch Joukov, né en 1896, travaille à l'âge de 12 ans comme fourreur avant de combattre dans la cavalerie en 1916. Son éducation est sommaire. Sans doute l'a-t-on sous-estimé à cause de cela. A tort, car cela ne l'a pas empêché de réfléchir à la guerre moderne : *«Il sait que la force d'une opération dépend de l'énergie emmagasinée, selon le principe d'un ressort que l'on comprime. En matière de logistique, cette compression se traduit en nombre d'hommes, de machines, en ravitaillement. Cette caractéristique de la guerre moderne, il l'a intégrée bien mieux que la plupart des généraux allemands»*, souligne Jean Lopez, son biographe. Joukov est donc un logisticien méticuleux. Il exècre *«le désordre russe»*. Par ➡

DUO GAGNANT – Dwight Eisenhower (premier plan) et George Marshall lors du débarquement allié sur Omaha Beach (Normandie), le 12 juin 1944.

LE RETOUR – Le général MacArthur dans le Pacifique Sud, le 21 octobre 1944.

ailleurs, une fois sur le champ de bataille, il sent les coups. Ces deux qualités le font sortir du lot dès 1939, à la bataille de Khalkhin-Gol contre les Japonais. Par la suite, il ne cessera de sauver la mise à Staline. Il est au cœur de la bataille de Moscou, en novembre-décembre 1941, alors que les Allemands ne sont qu'à une centaine de kilomètres de la capitale. A Stalingrad, son rôle est primordial dans la préparation de l'offensive. Il élabore la stratégie utilisée dans la bataille de Koursk (1943). Il donne l'impression d'être sur tous les fronts. Il prend Berlin en mars 1945. Et c'est donc lui, logiquement, qui reçoit la parade de la victoire, sur la place Rouge, monté sur un cheval blanc.

Ivan S. KONIEV
Le rival de Joukov

Koniev a bien des traits en commun avec Joukov. Physiquement, ils semblent taillés dans le même moule. Joukov est un taureau, Koniev un buffle. Ils partagent la modestie des origines, et ces enfances âpres à la Gorki. A 13 ans, Ivan Stepanovitch Koniev, né en 1897, gagne sa vie comme flotteur de bois. Koniev combat contre les Japonais entre 1937 et 1939. Mieux vaut, à ce moment-là, être du côté de la Mongolie que dans les environs de Moscou : c'est la période des grandes purges. Koniev passe entre les gouttes. En 1941, il tient un rôle important dans la bataille de

Moscou. Mais son grand fait d'armes, remarque Jean Lopez, auteur d'un livre de référence sur les maréchaux soviétiques, est une offensive méconnue et pourtant cruciale de la seconde guerre mondiale : l'opération « Lvov-Sandomierz » (juillet-août 1944) : « Le but était d'établir sur la Vistule, à 200 kilomètres au sud de Varsovie, une énorme tête de pont qui serait la base de la grande offensive sur Berlin, et plus tard de la domination de l'Europe orientale. Les objectifs sont militaires autant que politiques », souligne Jean Lopez. Koniev s'en acquitte parfaitement. Quant à cette rivalité légendaire entre Joukov et Koniev, c'est bien sûr Staline qui la suscita. Lui qui se méfiait de son ombre ne pouvait que s'offusquer de l'aura grandissante de Joukov. Il valorisa les mérites bien réels de Koniev. La rivalité des deux hommes, légendaire, devait survivre à la mort de Staline.

Konstantin K. ROKOSSOVSKI
L'inconvénient d'être à moitié polonais

Avec lui, on casse le moule des Joukov ou des Koniev. Par le physique d'abord : Rokossovski est grand (1,95 mètre), élancé, avec des yeux bleu acier qui fixent son interlocuteur avec intensité. Mais c'est aussi par son parcours que Rokossovski se singularise. Son père est né en Pologne. Une caractéristique qui va infléchir toute sa car-

rière. La dernière particularité de Konstantin Konstantinovitch Rokossovski est d'être revenu de l'enfer. Il est arrêté lors des grandes purges de 1937-1939. Battu, torturé, il doit la vie à un vice de procédure. Son dénonciateur est mort... en 1920. En 1942, il s'illustre à Stalingrad. Il a un rôle éminent en 1944 dans l'opération « Bagration » qui libère la Biélorussie des Allemands, leur infligeant une troisième défaite majeure après Stalingrad et Koursk. En 1945, Rokossovski semble le mieux placé pour prendre Berlin. Mais ses origines polonaises le desservent. C'est à Joukov que Staline réserve cet honneur. Le 24 juin 1945, pour la parade de la victoire, il est mis à l'honneur : il monte un cheval noir, face à Joukov, qui est juché sur un cheval blanc.

Aleksandr M. VASSILEVSKI
L'organisateur de la guerre

Rokossovski avait vu sa carrière freinée par ses origines polonaises. Aleksandr Mikhaïlovitch Vassilevski voit la sienne bridée par un fâcheux détail biographique : son père était pope. Il passe cinq ans au séminaire avant de rejoindre l'école militaire. Staline passe l'éponge. Lui-même, on le sait, avait fréquenté en son temps le séminaire de Tbilissi, n'y laissant pas un souvenir immaculé. Bien que Vassilevski ait combattu pendant la première guerre mondiale, il a un profil différent de celui d'un Joukov ou d'un Rokossovski. A l'odeur de la poudre, il préférera toujours le maniement feutré des cartes d'état-major. Chapochnikov, conseiller militaire de Staline, chef d'état-major général, le repère. « Vassilevski a des qualités qui ne sont pas si fréquentes chez les Russes de ce temps-là. Il ne boit pas, arrive à l'heure au bureau, se montre méthodique et organisé. Il rassure Chapochnikov, avec qui il partage une conviction essentielle : la guerre ne sera gagnée que si l'état-major a un fonctionnement bureaucratique impeccable, à l'instar de celui des Allemands », relève Jean Lopez. Chapochnikov a une santé fragile. Vassilevski le remplace en juin 1942 comme chef d'état-major de l'Armée rouge. Il coordonne, planifie, alloue les moyens en matériels et en troupes. Staline se fie à lui. Il l'envoie régulièrement sur le terrain. Il développe une excellente relation de travail avec Joukov. La solidité et la complémentarité de ce duo furent une des chances de l'armée soviétique. ●

4-11 FÉVRIER 1945 : LA CONFÉRENCE DE YALTA, ENTRE SATISFACTION ET DÉCEPTION

Staline, Roosevelt et Churchill sortent satisfaits de la conférence de Yalta, qui s'achève le 11 février 1945. La fin militaire de l'Allemagne semble proche, et une paix durable paraît possible grâce à la coopération entre les Grands. Le président des Etats-Unis a poursuivi ses efforts pour séduire Staline en évitant de donner l'impression d'un front commun anglo-américain, quitte à critiquer l'Empire britannique. Il a obtenu ce qu'il voulait : la participation de l'URSS à l'ONU, et son engagement à entrer en guerre contre le Japon après la capitulation de l'Allemagne. Pour obtenir cette aide, il a promis des territoires japonais, plus nombreux que ceux que la Russie avait perdus après sa défaite contre le Japon en 1905. Mais il a surtout acquiescé aux ambitions de Staline en Mandchourie et en Mongolie-Extérieure, au détriment de l'allié chinois, qui s'est battu seul de 1937 à 1941, et alors même que l'Armée rouge n'y a pas mis les pieds. Il pousse désormais Tchang Kaï-chek à accepter ces sacrifices.

C'est pourtant l'abandon de la Pologne, dont le sort était en grande partie scellé depuis la conférence précédente à Téhéran (novembre 1943) et à cause de la présence brutale de l'Armée rouge, qui donne de Yalta une mauvaise image. Elle est amplifiée par le discours français sur un prétendu partage du monde réalisé en l'absence de De Gaulle, et par les attaques républicaines contre un président malade qui aurait tout cédé, d'autant que son entourage comptait des soviétophiles. L'URSS, dont les armées s'approchent de Berlin alors que les troupes alliées connaissent des difficultés en Europe de l'Ouest et dans le Pacifique, et qui a organisé la conférence, est alors en position de force.

Pierre Grosser

POSTÉRITÉ –
Winston Churchill,
Franklin D. Roosevelt
et Joseph Staline,
le 9 février 1945,
lors de la conférence
de Yalta, en Crimée.

Les fronts oubliés, dernières poches allemandes de l'Atlantique et de Dunkerque

Pour Berlin, il est stratégiquement important de contrôler les ports du littoral français pour ralentir la libération de tout le territoire national. Près de 90 000 Allemands font face à près de 140 000 soldats alliés, dont 110 000 Français, jusqu'au 11 mai 1945, soit trois jours après la capitulation de l'Allemagne.

PAR STÉPHANE WEISS

STÉPHANE WEISS
Docteur en histoire contemporaine, il est l'auteur du livre *Les Poches de l'Atlantique et de Dunkerque. 1944-1945. Le combat oublié* (Perrin, mai 2025).

La libération de la France ne se résume pas au débarquement de Normandie puis à la Libération de Paris. Les combats se poursuivent jusqu'au printemps 1945 en Alsace ou le long de la frontière franco-italienne, mais également loin du front principal, autour de réduits allemands jalonnant la façade maritime française, du Médoc à Dunkerque. Dès l'automne 1944, l'évocation de ces poches côtières s'est fréquemment résumée en une expression : celle de fronts oubliés.

Lorsque les armées allemandes se retirent vers leurs frontières en août et septembre 1944, elles désactivent leurs puissantes bases sous-marines du littoral français mais laissent des garnisons chargées de tenir les principaux ports, afin de priver les Alliés de leur usage et d'étrangler ainsi leur logistique, dans une logique de blocus continental. Il s'agit de défendre ces réduits jusqu'à la dernière extrémité et, le cas échéant, de détruire leurs infrastructures portuaires, à l'image de Brest, libérée en ruine le 18 septembre après un mois d'assauts américains.

Le dégagement rapide du port de Marseille, le 28 août, puis de l'estuaire de la Seine, mi-septembre, et la prise, le 4 septembre, du port intact d'Anvers mettent à bas cette stratégie. Dès le 7 septembre, confiant dans ses capacités logistiques, le haut commandement allié se contente d'une simple garde des réduits non encore assaillis : Dunkerque, Lorient, Saint-Nazaire, La Rochelle et l'estuaire de la Gironde (Royan et Médoc). De son point de vue, il n'y a qu'à attendre que ces réduits, qui ne menacent pas les voies de communication alliées, tombent par eux-mêmes, quitte à ce que cette situation perdure jusqu'à la fin de la guerre. Les Alliés n'agissent pas différemment à l'égard d'autres garnisons adverses isolées dans les îles Anglo-Normandes, en Méditerranée (Crète, Dodécanèse) ou dans l'océan Pacifique.

DES MILLIERS D'HABITANTS PRIS AU PIÈGE

Les six poches en place en octobre 1944 représentent quelque 90 000 militaires allemands. Leur garde implique, au nord de la Loire, des troupes alliées (américaines en Bretagne ; canado-britanniques puis tchécoslovaques autour de Dunkerque), renforcées d'unités françaises issues des Forces françaises de l'intérieur (FFI). Au sud de la Loire, seules des unités FFI sont initialement présentes, progressivement renforcées par des éléments coloniaux.

Au fil des rotations d'unités issues des FFI, quelque 148 000 combattants français, en provenance de tout le pays et commandés par le général Edgard de Larminat, transitent face aux poches de l'Atlantique, dont un dixième de troupes nord-africaines ou coloniales. S'y ajoutent les brefs passages de la 1re division française libre (en décembre 1944) et de la 2e division blindée (en avril 1945). Devant Dunkerque, l'effectif français culmine à 4 500 hommes, sous commandement britannique.

Un long siège s'engage sur ces fronts de faible intensité, néanmoins marqués par d'épisodiques embrasements : duels d'artillerie, heurts de patrouilles, sorties allemandes visant à razzier du bétail... Un parallèle est rapidement établi avec la « drôle de guerre » de 1939-1940. Arrivés sans uniforme, avec le seul armement léger de la période maquisarde, les volontaires FFI connaissent dans les premiers temps des conditions matérielles déplorables. Celles-ci ne s'améliorent qu'à la sortie de l'hiver, avec une réelle montée en gamme, grâce à des livraisons de matériel allié, au réemploi de matériel de prise allemand et à la mobilisation de matériel français stocké en Afrique du Nord.

UN LONG SIÈGE S'ENGAGE SUR CES FRONTS, MARQUÉS PAR D'ÉPISODIQUES EMBRASEMENTS : DUELS D'ARTILLERIE, HEURTS DE PATROUILLES, SORTIES ALLEMANDES VISANT À RAZZIER DU BÉTAIL...

Des milliers d'habitants sont pris au piège des poches. Si certains réduits font l'objet d'évacuations précoces presque totales (Dunkerque, Médoc), le commandement allemand joue sur la présence de civils pour prévenir de potentiels assauts ou pour préserver ses stocks, en exigeant par exemple que le ravitaillement des civils rochelais et nazairiens soit assuré par le camp français. Les civils « empochés » subissent une double peine. D'une part, les Allemands maintiennent à leur égard une politique répressive. D'autre part, comme des trêves d'évacuation étaient négociées, ceux qui restent sur place sont suspectés de collaboration. A l'isolement physique s'ajoute un isolement moral.

DES SIÈGES CONTRASTÉS

Dunkerque et Royan illustrent la diversité des situations d'une poche à l'autre. Dunkerque ne fait plus l'objet de projets offensifs alliés après la mi-septembre 1944. Pour autant, le siège de cette poche est agité, avec des bombardements réciproques quasi quotidiens et une succession d'attaques locales mutuelles visant à harceler l'adversaire, dans un paysage en grande partie noyé par des inondations provoquées depuis le printemps 1944 par les Allemands. La population est massivement évacuée à la mi-octobre, hormis 500 civils ensuite internés par les occupants. La garnison de Dunkerque crée la surprise le 10 avril 1945 en pénétrant de 2 kilomètres dans les lignes alliées, suscitant un émoi jusqu'à Lille, ➡

LES DERNIÈRES OPÉRATIONS DE LIBÉRATION DE LA FRANCE EN 1945

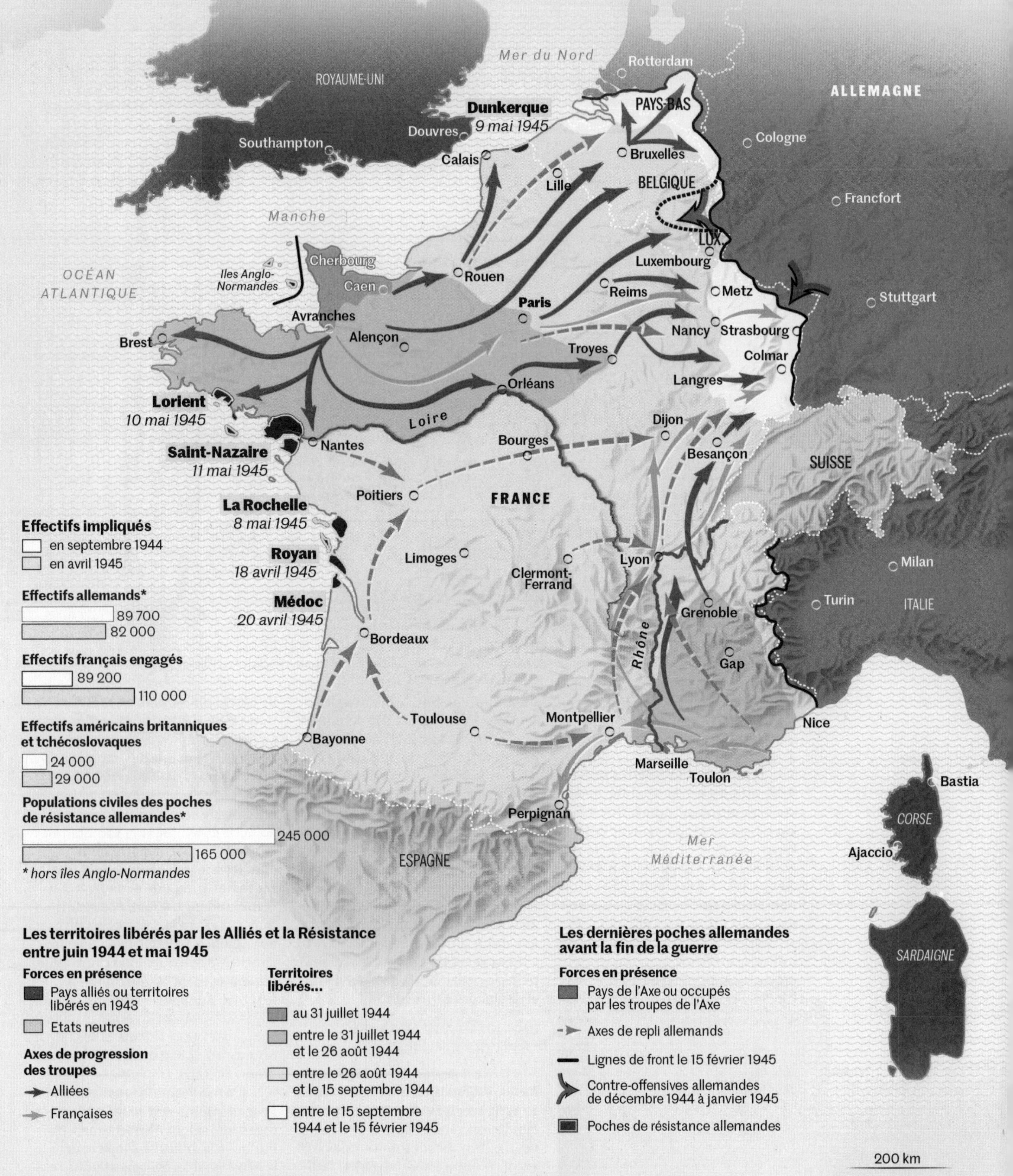

ROYAUME-UNI

Mer du Nord

ALLEMAGNE

Rotterdam

PAYS-BAS

Southampton

Douvres

Dunkerque
9 mai 1945

Calais

Bruxelles

Cologne

Lille

BELGIQUE

Francfort

Manche

LUX.

Cherbourg

Luxembourg

OCÉAN
ATLANTIQUE

Îles Anglo-Normandes

Caen

Rouen

Reims

Metz

Stuttgart

Avranches

Paris

Nancy

Strasbourg

Brest

Alençon

Troyes

Colmar

Langres

Lorient
10 mai 1945

Orléans

Dijon

Saint-Nazaire
11 mai 1945

Nantes

Loire

Bourges

Besançon

SUISSE

La Rochelle
8 mai 1945

Poitiers

FRANCE

Royan
18 avril 1945

Limoges

Clermont-
Ferrand

Lyon

Milan

Médoc
20 avril 1945

Grenoble

Turin

ITALIE

Bordeaux

Rhône

Gap

Effectifs impliqués
- en septembre 1944
- en avril 1945

Effectifs allemands*
- 89 700
- 82 000

Effectifs français engagés
- 89 200
- 110 000

Effectifs américains britanniques
et tchécoslovaques
- 24 000
- 29 000

Toulouse

Montpellier

Nice

Bayonne

Marseille

Toulon

Bastia

Populations civiles des poches
de résistance allemandes*
- 245 000
- 165 000

Perpignan

CORSE

*Mer
Méditerranée*

Ajaccio

*** hors îles Anglo-Normandes*

ESPAGNE

SARDAIGNE

Les territoires libérés par les Alliés et la Résistance
entre juin 1944 et mai 1945

Forces en présence
- Pays alliés ou territoires libérés en 1943
- Etats neutres

Axes de progression
des troupes
- → Alliées
- → Françaises

Territoires
libérés...
- au 31 juillet 1944
- entre le 31 juillet 1944 et le 26 août 1944
- entre le 26 août 1944 et le 15 septembre 1944
- entre le 15 septembre 1944 et le 15 février 1945

Les dernières poches allemandes
avant la fin de la guerre

Forces en présence
- Pays de l'Axe ou occupés par les troupes de l'Axe
- ⇢ Axes de repli allemands
- — Lignes de front le 15 février 1945
- Contre-offensives allemandes de décembre 1944 à janvier 1945
- Poches de résistance allemandes

200 km

Carte réalisée avec Stéphane Weiss, docteur en histoire

Source : Werner Hilgemann et Hermann Kinder. *Atlas historique. De l'apparition de l'homme sur la Terre à l'ère atomique*, 1997, Perrin

Infographie *Le Monde*

INFOGRAPHIE « LE MONDE »

REDDITION – A Dunkerque, les troupes allemandes, désarmées, défilent une dernière fois dans la ville, le 9 mai 1945.

⟶ pour une ultime attaque qui ne change rien au sort de la poche mais illustre le jusqu'au-boutisme de son commandant.

Royan fait, à l'inverse, l'objet d'une forte attention franco-alliée. Dès le 18 septembre 1944, le général de Gaulle envisage son attaque, afin de dégager l'estuaire de la Gironde et de provoquer, par démonstration, la reddition des autres réduits. Cette opération, nommée « Indépendance », est acceptée par les Alliés, seuls décisionnaires en matière d'affectation de moyens militaires. D'abord envisagée pour décembre 1944, puis pour janvier 1945, l'opération est reportée sine die, du fait

AU TOTAL, LE SIÈGE DES POCHES COÛTE LA VIE À 1800 SOLDATS FRANÇAIS ET 600 SOLDATS ALLIÉS, AINSI QU'À 2400 SOLDATS ALLEMANDS ET AU MOINS 800 CIVILS.

de la contre-offensive allemande lancée dans les Ardennes le 16 décembre.

D'octobre à avril, le front de Royan reste relativement calme en comparaison avec la poche voisine de La Rochelle, dont la garnison allemande mène, en sept mois, neuf sorties de razzia visant l'arrière-pays. Toutefois, dans la nuit du 4 au 5 janvier, malgré l'annulation de l'opération « Indépendance » et la communication initiale d'objectifs militaires situés hors de la ville, 347 bombardiers de la Royal Air Force ciblent Royan, qui abrite alors encore 2200 civils. La cité est anéantie sans aucun bénéfice militaire, mais au prix de 442 civils tués et de plus de 400 blessés.

UNE OPÉRATION AMPHIBIE POUR L'ÎLE D'OLÉRON

L'assaut des réduits de Royan et du Médoc est finalement engagé du 14 au 20 avril, avec le renfort de la 2e division blindée du général Leclerc et de nouveaux bombardements massifs. 41500 hommes sont engagés, face à 10000 Allemands. Si le sort du réduit de Royan est scellé en cinq jours (au prix

de 900 hommes, dont 175 tués dans les rangs français), les combats sont particulièrement âpres de l'autre côté de la Gironde, à la pointe de Grave (perte de 1100 hommes, dont 250 tués).

Une opération amphibie permet ensuite de libérer l'île d'Oléron le 30 avril et le 1er mai (3400 hommes débarqués, avec la perte de 18 tués). Parallèlement, le siège de La Rochelle est resserré, en vue de fournir à son commandant un motif de reddition tout en évitant la destruction du port de La Pallice. La Rochelle se rend finalement le 8 mai, suivie par Dunkerque, Lorient et Saint-Nazaire entre le 9 et le 11 mai. Au total, le siège des poches coûte la vie à quelque 1800 soldats français et 600 soldats alliés, ainsi qu'à 2400 soldats allemands et au moins 800 civils.

Ainsi se tourne la page des poches. Leur mémoire s'est paradoxalement construite autour d'un sentiment d'oubli, face à la difficulté d'insérer dans le récit national ces épilogues tardifs, relégués dans l'ombre d'une libération déjà consommée dans le reste du pays. ●

À POTSDAM, ON RÉPARE D'UN CÔTÉ, ON ATTAQUE DE L'AUTRE

La conférence de Potsdam, dans l'est de l'Allemagne, se déroule du 17 juillet au 2 août 1945. L'atmosphère est très différente de celle de Yalta. L'Allemagne a capitulé depuis plus de deux mois, et il faut gérer les urgences d'un continent européen en pleine ébullition et accélérer la fin du conflit. Les Etats-Unis sont en train de basculer leurs troupes vers le Pacifique, pour l'assaut final contre le Japon, sans savoir quand celui-ci va capituler. Staline se trouve face à des interlocuteurs nouveaux : Truman a remplacé Roosevelt, mort le 12 avril. Churchill, battu aux élections britanniques, quitte la conférence le 25 juillet, remplacé par le travailliste Clement Attlee ; le Royaume Uni, qui fait face à de multiples défis internes et internationaux, ne compte plus guère. Le traitement de l'Allemagne, qui perd près d'un quart de son territoire, est encore transformé : il est décidé que chacun des quatre occupants prendra les réparations sur sa zone, même si des équipements industriels des zones occidentales doivent être livrés en zone soviétique, et si le principe d'une occupation à quatre demeure... jusqu'en 1990.

Staline sait que les Etats-Unis disposent de la puissance économique, mais il veut profiter de l'élan de la victoire. Il réclame, sans succès, de participer à l'administration de la Libye et d'obtenir enfin un statut favorable dans les détroits. Lorsque Truman lui fait part de l'essai atomique au Nouveau-Mexique, il n'est pas surpris, car il est au courant du projet Manhattan grâce à l'espionnage. Mais il ne se rend pas encore compte de l'effet des armes nucléaires. Truman, au contraire, voit sa main renforcée, mais il veut toujours que l'URSS entre en guerre contre le Japon. Truman donne l'autorisation d'utiliser les bombes atomiques. Le 26 juillet, la déclaration de Potsdam, signée par Truman, Churchill et Tchang Kaï-chek (non invité), appelle le Japon à capituler. La dramatique première quinzaine d'août au Japon se joue autour des discussions nippo-américaines sur les termes de la capitulation, posés à 10 000 kilomètres de Tokyo.

Pierre Grosser

TABLE RONDE – Staline, au centre, lors de la conférence de Potsdam.

Au printemps 1944, les Alliés découvrent les premiers camps d'extermination des juifs

Devant l'avancée des Alliés, Hitler ordonne, le 17 juin 1944, de ne laisser aucun prisonnier valide tomber vivant entre les mains de l'ennemi, rappelle l'historien Alexandre Bande. Des dizaines de milliers de déportés sont alors déplacés lors des Marches de la mort. Le 27 janvier 1945, l'Armée rouge pénètre dans Auschwitz.

PAR ALEXANDRE BANDE

ALEXANDRE BANDE
Docteur en histoire, professeur de chaire supérieure en classes préparatoires littéraires au lycée parisien Janson-de-Sailly, il intervient à Sciences Po Saint-Germain-en-Laye, au Mémorial de la Shoah, et travaille sur les questions relatives aux enjeux de l'enseignement de l'histoire et de la mémoire de la Shoah. Dernière publication : *Auschwitz 1945* (Passés composés, 2025).

Le 27, j'ai vu la première patrouille russe pénétrer dans la ville, suivie de soldats en rang serré. Un seul sentiment m'a envahi. Entièrement, égoïstement, impérieusement. Je ne suis pas mort. Je suis parmi ceux qui ont survécu et qui pourront témoigner. Je suis vivant, vivant, vivant... » C'est en ces termes que Jacques Greif, déporté français, qui était parvenu à atteindre la ville d'Auschwitz peu avant leur arrivée, décrit l'entrée des soldats de l'Armée rouge dans le complexe concentrationnaire, le 27 janvier 1945. La découverte des centres de mise à mort et des camps nazis par les Alliés, qu'ils soient soviétiques à l'est, américains ou britanniques à l'ouest, s'étend sur plusieurs mois, entre le printemps 1944 (avec la découverte par les Soviétiques des centres de mise à mort de l'opération « Reinhard », qui désigne l'assassinat en masse des juifs du Gouvernement général de Pologne) et le printemps 1945 (l'entrée des troupes soviétiques, à Terezin n'ayant lieu que le 9 mai).

Ida Grinspan, disparue en 2018, relatait avec émotion son premier contact avec les soldats soviétiques, lors de leur entrée dans le camp de Neustadt, dans le nord de l'Allemagne. Soulignant leur efficacité, elle précisait bien souvent qu'elle se félicitait d'avoir été judicieusement nourrie et de ne pas avoir été victime d'une réalimentation mal maîtrisée qui aurait pu avoir, comme cela fut trop souvent le cas, des effets dramatiques sur sa santé.

Née en 1929, à Paris, de parents juifs polonais, Ida Grinspan est arrêtée à la fin du mois de janvier 1944 et déportée à Auschwitz par le convoi du 10 février. Malgré ses 14 ans, elle parvient, lors de la sélection effectuée sur la *Judenrampe*, à entrer dans le camp et à éviter la chambre à gaz. Après quelque temps, elle est affectée à l'usine d'armement, l'Union Werke, au mois de septembre 1944. C'est de cette usine qu'ont été acheminés, par des déportées, les explosifs qui permirent aux membres des Sonderkommandos de se soulever contre les SS et de détruire le crématoire IV de Birkenau (le 7 octobre 1944).

65 000 PERSONNES DÉPLACÉES

Comme plusieurs dizaines de milliers de personnes, Ida Grinspan se retrouve propulsée sur les routes enneigées de la Silésie par un froid glacial lorsque, le 18 janvier 1945, la SS décide de déplacer les déportés valides du complexe d'Auschwitz. Ida marche durant plusieurs jours et nuits avant d'embarquer dans un train qui la conduit à Ravensbrück. De là, elle entre au camp de Neustadt, où elle est libérée par l'Armée rouge à la fin avril 1945.

La trajectoire d'Ida Grinspan est emblématique de la situation vécue par des dizaines de milliers de déportés qui se trouvaient dans les camps du IIIe Reich à la fin de l'année 1944. Survivants des politiques répressives nazies, du processus exterminatoire dont furent victimes majoritairement les juifs mais également les Roms et les Sinti, ils furent nombreux à avoir été concernés par ce que l'on appellera a posteriori les « Marches de la mort ».

Ce parcours parmi tant d'autres nous projette vers cette période complexe où, sur les routes et les voies ferrées de l'est et du centre de l'Europe, furent jetés des dizaines de milliers de déportés. Selon une logique qui peut sembler peu rationnelle mais qui répond à des préoccupations concrètes, alors que les Alliés se rapprochent, tant à l'est qu'à l'ouest, des camps de concentration et des centres de mise à mort, les SS mettent en application un ordre donné par Hitler, le 17 juin 1944, de ne laisser aucun prisonnier susceptible de travailler ou de combattre tomber vivant entre les mains de l'ennemi.

DES CAMPS PRESQUE VIDES

Ainsi, entre l'automne 1944 et le début du mois de janvier 1945, les SS déplacent d'Auschwitz près de 65 000 personnes vers des camps situés à l'intérieur du Reich. Parmi eux, Henri Borlant, décédé le 3 décembre 2024, déporté en juillet 1942 de la France vers Auschwitz, où il est resté vingt-huit mois, qui est, par la suite, déplacé vers Sachsenhausen, Oranienburg, puis Ohrdruf. Comme Ida, Raphaël Esrail, Simone Jacob (future Simone Veil) et tant d'autres, Henri n'assiste pas à l'entrée des soldats soviétiques dans le complexe d'Auschwitz, le 27 janvier 1945.

> LA VIOLENCE DES CRIMES COMMIS PAR LES SS AVANT LEUR FUITE, LES ÉPIDÉMIES, LA FAIM, LES CONDITIONS CLIMATIQUES ENTRAÎNENT, APRÈS L'ARRIVÉE DES ALLIÉS, UNE IMPORTANTE MORTALITÉ.

De tels déplacements forcés sont attestés entre l'hiver et le printemps 1945 pour les autres camps du Reich. Le 23 novembre 1944, les Américains découvrent le Struthof vide de ses déportés, déplacés vers l'est peu avant par la SS. Les Soviétiques ne trouvent, à leur entrée dans le camp de Majdanek (juillet 1944), que quelque 650 détenus moribonds, les autres ayant été déplacés vers l'ouest. Au printemps suivant, à Ravensbrück, où survivaient près de 45 000 femmes – dont Yvette et Denise Morin, déportées le 15 août 1944 pour faits de résistance à Paris –, plus de 10 000 d'entre elles et plus de 4 200 détenus sont transférés dans d'autres camps de concentration et dans leurs camps satellites. Fin avril, les SS forcent plus de 20 000 prisonnières et presque tous les hommes encore sur place à marcher vers le nord du Mecklembourg, où ils furent libérés par les Soviétiques. Des scènes identiques ont

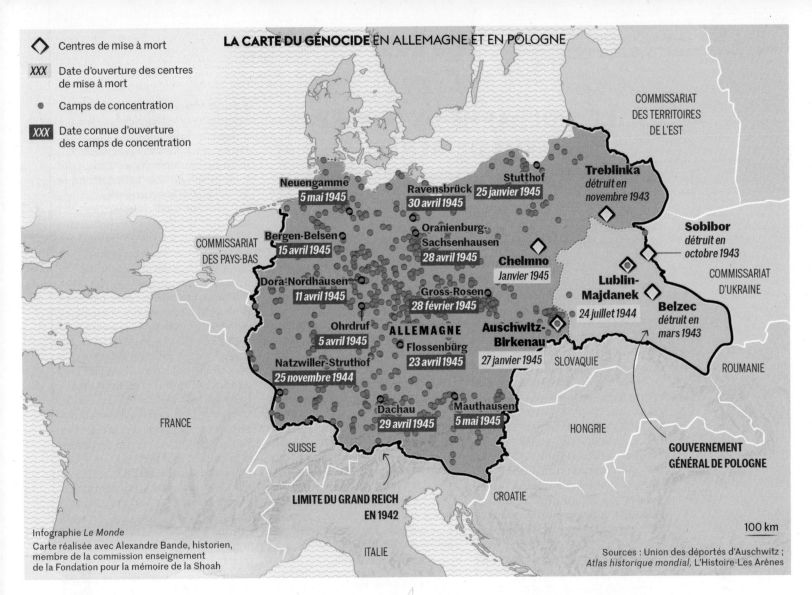

LA CARTE DU GÉNOCIDE EN ALLEMAGNE ET EN POLOGNE

◇ Centres de mise à mort

XXX Date d'ouverture des centres de mise à mort

● Camps de concentration

XXX Date connue d'ouverture des camps de concentration

COMMISSARIAT DES TERRITOIRES DE L'EST

Treblinka
détruit en novembre 1943

Stutthof
25 janvier 1945

Neuengamme
5 mai 1945

Ravensbrück
30 avril 1945

COMMISSARIAT DES PAYS-BAS

Bergen-Belsen
15 avril 1945

Oranienburg-Sachsenhausen
28 avril 1945

Chelmno
Janvier 1945

Sobibor
détruit en octobre 1943

COMMISSARIAT D'UKRAINE

Dora-Nordhausen
11 avril 1945

Gross-Rosen
28 février 1945

Lublin-Majdanek
24 juillet 1944

Belzec
détruit en mars 1943

Ohrdruf
5 avril 1945

ALLEMAGNE

Flossenbürg
23 avril 1945

Auschwitz-Birkenau
27 janvier 1945

Natzwiller-Struthof
25 novembre 1944

SLOVAQUIE

ROUMANIE

FRANCE

Dachau
29 avril 1945

Mauthausen
5 mai 1945

HONGRIE

GOUVERNEMENT GÉNÉRAL DE POLOGNE

SUISSE

CROATIE

LIMITE DU GRAND REICH EN 1942

Infographie *Le Monde*
Carte réalisée avec Alexandre Bande, historien, membre de la commission enseignement de la Fondation pour la mémoire de la Shoah

ITALIE

100 km

Sources : Union des déportés d'Auschwitz ;
Atlas historique mondial, L'Histoire-Les Arènes

lieu dans la plupart des camps nazis. Arrivé à Dachau à la fin de l'hiver 1945, Raphaël Esrail, un temps transféré dans un camp dans la forêt, près d'Ampfing, est évacué par train le 25 avril 1945.

DONNER UNE LARGE PUBLICITÉ

Dans cette géographie macabre qui se dessine alors au cœur de l'Europe, le camp de Bergen-Belsen occupe une place particulière. Destiné, en 1941, aux prisonniers de guerre, il devient un camp de concentration à partir de 1942. Y sont déportés notamment des juifs possédant la double nationalité ou citoyens d'un pays neutre, destinés à être échangés contre des prisonniers allemands. En avril 1945, c'est dans ce camp que sont acheminés de nombreux convois venus de Buchenwald, Dora, Dachau ou Sachsenhausen. Dans plusieurs d'entre eux se trouvent des survivants d'Auschwitz et des Marches de la mort, telles Simone Jacob, sa sœur « Milou » et leur mère, Yvonne, arrivées le 30 janvier 1945.

Partout, les scènes décrites par les soldats entrés dans les camps et relatées par les survivants se ressemblent : la violence des crimes commis par les SS avant leur fuite, les épidémies qui se propagent, la maladie, la faim, les conditions climatiques ont entraîné et entraînent, après l'arrivée des troupes alliées, une importante mortalité. A Ravensbrück, plus de la moitié des quelque 28 000 victimes périssent au cours des quatre derniers mois de la vie du camp. Le camp de Bergen-Belsen, découvert le 15 avril par les Britanniques, devient un mouroir. Anne Frank, Yvonne Jacob et tant d'autres y perdent la vie. Entre les mois de janvier et la mi-avril, les épidémies de typhoïde, de tuberculose et de typhus tuent près de 35 000 personnes. Près de 60 000 survivants sont pris en charge dans l'urgence, et souvent la désorganisation, par les équipes médicales.

Difficile de généraliser alors, tant la situation varie d'un cas à l'autre, mais partout se pose la question de l'alimentation des survivants, des soins à leur prodiguer (à Auschwitz, près de 500, parmi les quelque 7 000 survivants, succombent dans les premières semaines du mois de février), de l'ordre à faire régner dans le camp (à Dachau, des soldats américains, sous le choc des centaines de cadavres découverts dans des wagons à proximité du camp, fusillent des SS) et de la publicité à donner à ce qui venait d'être découvert.

A l'ouest, il est décidé de donner une large publicité aux horreurs qui viennent d'être découvertes. Dès le 12 avril 1945, les généraux Patton, Bradley et Eisenhower se retrouvent au camp d'Ohrdruf. Peu de temps après, Eisenhower déclare : «*On nous dit que le soldat américain ne sait pas pourquoi il combat. Maintenant, au moins, il saura contre quoi il se bat*», avant d'ordonner la visite de ce camp à chaque unité qui ne combattait pas sur le front.

Du côté des Soviétiques, la publicité donnée par les autorités aux crimes commis par les nazis, quoique tronquée puisque niant les spécificités du génocide dont les juifs avaient été les victimes, est également importante. Le temps de la mémoire du système concentrationnaire et du processus génocidaire venait de commencer. ●

LE VIOL, ARME DE GUERRE, ARME DE GENRE

Plus de 100 000 femmes ont été violées à Berlin par des soldats de l'Armée rouge entre avril et septembre 1945. Longtemps camouflé, reconnu en 1998 comme un crime contre l'humanité, le viol de masse reste pourtant une arme d'humiliation toujours en pratique dans les conflits.

PAR CATHY REMY

Quand les Russes entrent dans Berlin le 27 avril 1945, la capitale allemande n'est plus qu'un champ de ruines. Dans le centre-ville, où 80 % des bâtiments ont été détruits par les bombardements alliés, le vrombissement des orgues de Staline déchire à intervalles réguliers le silence pesant. L'absence d'eau potable et d'évacuation des déchets a entraîné une situation sanitaire critique pour la population prise au piège. Affamés, terrifiés, les Berlinois se terrent dans les sous-sols pour échapper aux «Ivan». Ces soldats envoyés pour liquider les dernières poches de résistance sont décrits par la propagande nazie comme une bande de *«bestiaux russes»* de qui il faut tout attendre.

Les violences commises par l'Armée rouge en Allemagne à la fin de la seconde guerre mondiale sont, en effet, tristement bien documentées. L'historien américain Norman Naimark, auteur d'un ouvrage de référence sur l'histoire de l'après-guerre en Europe (*The Russians in Germany. A History of the Soviet Zone of Occupation, 1945-1949*, Harvard University Press, 1995), avance le chiffre faramineux de 2 millions de viols collectifs ou individuels, principalement dans les régions de Prusse orientale et de Silésie. Ces actes caractérisés par une brutalité extrême atteindront leur apogée au printemps 1945, avec plus de 100 000 femmes abusées sexuellement à Berlin entre avril et septembre. Si les viols commis par les soldats alliés ont longtemps été minimisés ou passés sous silence, diverses études font état de 11 000 à 17 000 agressions du côté américain et plusieurs milliers du côté français comme allemand (un décompte largement sous-estimé en raison du manque de documentation officielle).

Cependant, la nature systématique et l'échelle massive des crimes perpétrés par les soldats soviétiques sont particulièrement marquantes. Les causes de ce déchaînement de violence sont complexes. Au désir de vengeance suscité par la guerre d'anéantissement menée à l'Est par le régime nazi se superpose une haine viscérale des Allemands avivée par la machine de propagande. Avec 27 millions de morts, militaires et civils confondus, l'Union soviétique paie un lourd tribut à la victoire. A elle seule, la bataille de Berlin, l'une des plus destructrices et sanglantes de ce conflit, a coûté la vie à quelque 100 000 hommes.

VISER LES HOMMES AU-DELÀ DU CORPS DES FEMMES

Dans ce contexte troublé, la conviction que le viol constitue une forme de juste compensation est largement partagée par les forces en présence. Revendiqué publiquement par les nazis et les Soviétiques comme une arme légitime pour démontrer la toute-puissance de l'occupant, le viol possède, comme l'analyse l'historien Stéphane Audoin-Rouzeau, cette particularité qu'*«il vise les hommes au-delà des corps des femmes»* en portant *«atteinte à la filiation»*. Car c'est bien la nation dans son ensemble qui doit être humiliée. Le nombre de grossesses résultant des viols perpétrés en Allemagne est estimé à 300 000.

En réponse à cette situation inédite, un arrêté est émis par l'occupant dans la zone d'occupation soviétique pour permettre l'avortement des femmes enceintes, encore strictement interdit en Allemagne sous le régime nazi. Cette dimension nationaliste et radicale du viol s'enracine dans une certaine idée de la masculinité trouvant un exutoire dans la vengeance et la haine de l'autre. Pour la sociologue

Patricia Albanese, qui a étudié les violences faites aux femmes dans le cadre des guerres de Yougoslavie (Bosnie-Herzégovine, Kosovo 1991-1999), le viol de masse est la résultante d'une triple relation qui noue le nationalisme, le militarisme et la masculinité.

Bien que condamnés par la législation militaire soviétique, ces crimes n'ont été que très rarement punis par les autorités d'occupation. De multiples témoignages pointent la responsabilité de certains hauts responsables, dont Staline en personne, qui sera finalement contraint d'édicter des sanctions sévères à l'encontre des coupables afin de redorer l'image de l'Armée rouge à l'international. Quant aux victimes, souvent perçues comme fautives, elles se heurtent rapidement au déni. Avec le retour des prisonniers de guerre et la «remasculinisation» de la société allemande, les *Trümmerfrauen*, ou «femmes des ruines», qui ont joué un rôle de premier plan dans la reconstruction de Berlin tout en assumant des responsabilités économiques et familiales essentielles pour la survie des communautés, sont accusées de collaboration. Ressenti comme une atteinte intolérable à la fierté nationale, le sujet est vite enterré.

> SI LES VIOLS COMMIS PAR LES ALLIÉS ONT LONGTEMPS ÉTÉ MINIMISÉS, DIVERSES ÉTUDES FONT ÉTAT DE 11 000 À 17 000 AGRESSIONS DU CÔTÉ AMÉRICAIN ET PLUSIEURS MILLIERS DU CÔTÉ FRANÇAIS COMME ALLEMAND.

Dès 1947, la guerre froide qui s'installe impose une chape de silence, en particulier en Allemagne de l'Est, où il est impensable de critiquer le grand frère soviétique. Le bourreau d'hier devient l'ami d'aujourd'hui, même si la présence de 500 000 soldats et civils dépendant de l'Armée rouge sur le sol est-allemand continue à entretenir le traumatisme des victimes. En URSS, l'ampleur du phénomène est démentie pour protéger la mémoire de la Grande Guerre patriotique, et les rares voix qui s'élèvent sont farouchement étouffées. Pour s'être insurgé contre les agissements de son commandement, qui encourageait les viols en masse des Allemandes en Prusse orientale ➡

DÉNI –
Les « femmes
des ruines »
reconstruisant
Berlin, victimes
de la
« remasculinisation »
de la société
au retour
des prisonniers
de guerre,
sont accusées
de collaboration.

quel que soit leur âge, le dissident Lev Kopelev est condamné à dix ans de goulag. Ce n'est qu'après la chute de l'URSS, en 1991, que des discussions sur ces atrocités se multiplient dans les publications académiques et les récits historiques. A l'Ouest, où elles ont été documentées plus tôt, la prudence est restée longtemps de mise pour éviter toute instrumentalisation politique dans une situation de relations internationales tendues.

Les premiers récits individuels affleurent dans les années 1950, le plus souvent dans des cercles restreints ou des mémoires privées. *Eine Frau in Berlin (Une femme à Berlin*, Henry Holt and

> DES TYPES VEULES, ALCOOLISÉS, ARBORANT PARFOIS DE GROSSES MÉDAILLES DE CUIVRE REÇUES EN RÉCOMPENSE DE LEUR COURAGE AU FRONT. DES GAMINS OU DES HOMMES QUI ONT LA NOSTALGIE DU PAYS.

Company), un récit anonyme écrit paru en 1954 aux Etats-Unis, offre pour la première fois un aperçu unique de la condition des femmes durant la chute de Berlin, mais aussi de la complexité de la reconstruction personnelle et nationale. La narratrice, qui se présente comme *« employée d'une maison d'édition qui a fermé ses portes »*, relate crûment les humiliations, la souffrance physique mais aussi morale qu'elle et ses compagnes d'infortune subissent au quotidien dans l'immense cave surnommée *« les catacombes de la peur »* ou encore *« la fosse commune »*.

Dans un effort désespéré pour contrôler le chaos, elle tente de raconter l'irracontable : *« Viol : qu'est-ce que ça veut dire ? Quand j'ai prononcé le mot pour la première fois vendredi, un frisson glacé m'a parcouru le dos. Et maintenant, je suis capable d'y penser, de l'écrire d'une main froide, je dis le mot tout haut pour m'habituer au son. Il évoque le pire, le comble, mais ça ne l'est pas. »* D'une plume acerbe et presque détachée, elle décrit les violeurs en bandes qui s'en prennent aux femmes sous les yeux des filles soldats qui les encouragent. Des types veules, alcoolisés, arborant parfois de grosses médailles de cuivre reçues en récompense de leur courage au front.

Ils s'appellent Petka, Gricha, Iacha, Anatol ou Vania, viennent de Sibérie ou des steppes d'Asie centrale. Des gamins ou des hommes qui ont la nostalgie du pays, pas même des voyous. *« Juste des sots égarés en temps de guerre »*, dit-elle.

Comme tant d'autres femmes qui ont consigné ces terribles faits dans leurs journaux intimes, elle refuse de se laisser enfermer dans un statut de victime. Cette forme de viol massif, écrit-elle, doit être surmontée collectivement, chaque femme aidant l'autre en parlant. La réaction de Gerd, son ancien compagnon et premier lecteur, est toutefois sans équivoque : *« Vous êtes toutes devenues aussi impudiques que des chiennes. »*

Avec le retour de la paix, une grande majorité de la population préfère fermer les yeux sur la réalité des faits ainsi que sur l'identité des agresseurs. Comme le souligne l'historien Georges Vigarello, *« cette propension à vouloir la taire illustre toute la spécificité de la violence sexuelle, qui fait peser sur les victimes un sentiment de honte et d'avilissement »*.

DE ROME JUSQU'EN UKRAINE

Le texte original en allemand paraît en 1959 et reçoit un accueil glacial. Accusé de *« souiller l'honneur des femmes allemandes »* et taxé d'*« immoralité éhontée »*, il continue néanmoins à circuler clandestinement et participe, à la fin des années 1980, à la réflexion féministe en Allemagne.

Ce n'est qu'en 2003, deux ans après la mort de l'autrice, que son identité est dévoilée par le quotidien national *Süddeutsche Zeitung* à l'occasion de la réédition de l'ouvrage. Ironie du sort, le livre de Marta Hillers, qui s'était opposée à toute republication de son vivant, devient rapidement un best-seller dans plusieurs pays, sauf en Russie, où il est finalement interdit en 2021.

Après 1945, la femme n'est plus la victime exclusive des violences sexuelles. De triste mémoire, la guerre des Balkans au cours des années 1990 a été le théâtre de terribles exactions, dont des viols de masse systématiques sur des mineurs parfois très jeunes et des hommes. En Bosnie-Herzégovine, entre 30 000 et 50 000 femmes, principalement bosniaques (musulmanes), mais aussi croates et serbes, auraient été victimes de viols de guerre commis par des groupes paramilitaires serbes tels que les Tigres d'Arkan et les Aigles blancs entre 1992 et 1995. Ces crimes font partie intégrante d'une politique

d'épuration menée au sein de quelque 700 camps recensés par la commission d'experts auprès des Nations unies.

Selon la définition qu'en donne James W. Messerschmidt, sociologue et criminologue américain, connu pour sa théorie de la construction hiérarchique de la masculinité, le viol de masse est *« un affichage imposant du pouvoir collectif masculin par lequel les victimes souffrent de violences émotionnelles et physiques, tandis que leurs auteurs fondent leur estime de soi masculine devant d'autres soldats »*. Bien que les récits des conquêtes romaines ou des guerres médiévales regorgent de viols à grande échelle, le sac de Nankin, en Chine, par les Japonais en 1937 constitue un point de bascule historique.

LA DOMINATION BRUTE

En démontrant que le viol pouvait être une tactique militaire systématique et pas seulement une conséquence *« inévitable »* de la guerre, James W. Messerschmidt a ouvert le débat sur la nécessité de punir ces actes en droit international. Il faudra attendre les tragédies du Rwanda et de l'ex-Yougoslavie pour que la Cour pénale internationale (CPI) – créée en 1998 pour lutter contre l'impunité et éviter la multiplication des tribunaux temporaires – mette en lumière l'utilisation, et endémique et sytématique, du viol de guerre dans les conflits contemporains et le reconnaisse comme un crime contre l'humanité.

En dépit des avancées significatives de la CPI, la domination mâle et l'exercice d'un contrôle de la sexualité des femmes impliquant leur destruction se maintiennent dans de nombreux endroits du globe : République démocratique du Congo, Birmanie, Syrie, Irak, Soudan du Sud, Tigré. En Ukraine, le viol est pratiqué systématiquement par les troupes russes dès février 2022 dans toutes les régions – de Kiev à Kharkiv, en passant par Donetsk et Kherson. Les femmes de tous âges en sont massivement les premières victimes, mais les enfants et, dans une moindre mesure, les hommes sont également concernés. Ces comportements barbares, loin d'être isolés, ont été tolérés, voire encouragés par le commandement des troupes. Si la honte a changé de camp, l'histoire se répète et le viol reste, comme le décrit l'écrivaine et activiste américaine Rebecca Solnit, à la fois *« le plus intime des crimes de guerre, et un langage universel de la conquête, une signature de la domination brute »*. ●

ELLES ÉTAIENT TORTIONNAIRES AU SERVICE DU REICH

Elles s'appelaient Irma Grese, alias « la hyène d'Auschwitz », Ilse Koch, dite « la chienne de Buchenwald », ou encore Hildegard Lächert, surnommée « Brigitte la Sanglante ». Connues sous le nom d'*Aufseherinnen*, ces gardiennes issues généralement des classes sociales basses à moyennes et souvent sans expérience ont fait régner la terreur dans les camps de concentration. La loi nazie exigeant que les prisonnières et les déportées soient surveillées par des femmes, un corps de métier dépendant de la SS qui comptera jusqu'à 4000 membres est expressément créé. Recrutées par petites annonces, par bouche-à-oreille ou directement sur leur lieu de travail, elles sont formées à Ravensbrück, le premier et le plus grand camp pour femmes à partir de 1939. Dans l'univers concentrationnaire, elles deviennent vite des virtuoses de la violence. En 1942, quand la « solution finale » est décidée en secret, elles sont envoyées à l'Est pour seconder les SS dans leur funeste travail. Après la guerre, certaines seront jugées et condamnées, parfois tardivement. En 2022, Irmgard Furchner, ancienne secrétaire du camp de Stutthof, en Pologne, alors âgée de 97 ans et reconnue coupable de complicité dans l'assassinat de 10 500 détenus, est condamnée à deux ans de prison avec sursis. Traditionnellement associé aux soins et à la maternité, le rôle des femmes dans le nazisme a été longtemps minimisé, tant l'idée qu'elles aient pu être aussi violentes que les hommes était difficile à accepter. Elles ont souvent été perçues comme des figures secondaires plutôt que comme des actrices à part entière, et ce n'est que depuis les années 1990-2000 que des travaux comme ceux de Wendy Lower (*Les Furies de Hitler*, Tallandier, 2019) ou de Barbara Necek (*Femmes bourreaux*, Grasset, 2022) ont mis en lumière l'implication active des femmes dans l'appareil génocidaire nazi.

Cathy Remy

« LA CHIENNE DE BUCHENWALD » – Le 15 janvier 1951, après 27 audiences et l'audition de 243 témoins, la cour d'assises d'Augsbourg (Allemagne) a condamné Ilse Koch à la détention perpétuelle et à la perte de ses droits civiques.

LE SORT PARTICULIER DES FEMMES COLLABORATRICES À L'ÉPURATION

Si près de 11 000 femmes ont été condamnées dans la France libre pour collaboration par les tribunaux légaux après la Libération, 46 ont été officiellement exécutées entre 1944 et 1949. Sans compter les victimes d'un climat de vengeance et de défouloir collectif des juridictions populaires extralégales.

PAR CATHY REMY

Simone Touseau, l'emblématique « tondue de Chartres », immortalisée en photo le 16 août 1944 par Robert Capa, a longtemps influencé l'opinion publique dans sa manière d'appréhender la collaboration féminine. Elle est la seule, parmi les dix autres Chartraines punies pour « avoir couché avec les boches », à avoir été marquée au fer rouge sur le front.

Si la jeune femme, âgée de 23 ans, qui n'a jamais caché ses idées politiques favorables au nazisme et qui a aussi adhéré au Parti populaire français (PPF), le parti collaborationniste de Jacques

> POUR ÉVITER L'HUMILIATION PUBLIQUE OU LES REPRÉSAILLES LIÉES À LEUR COLLABORATION AVEC L'OCCUPANT NAZI, CERTAINES DES FEMMES PERÇUES COMME DES « TRAÎTRESSES » ONT CHOISI DE METTRE FIN À LEURS JOURS.

Doriot, est frappée du sceau de l'infamie, c'est avant tout pour son comportement sexuel immoral. Accusée, dans un premier temps, d'avoir dénoncé cinq voisins qui ont été déportés, elle évite de justesse le peloton d'exécution, faute de preuves, pour être finalement condamnée à dix ans d'indignité nationale par la chambre civique. Elle mourra dépressive et alcoolique en février 1966, à l'âge de 45 ans. Sa trajectoire, amplement documentée, révèle une histoire complexe qui tord le cou au lieu commun tenace niant aux femmes toute agentivité pour les cantonner dans un rôle d'éternelles suiveuses.

Comme l'analyse Fabrice Virgili, pionnier de l'histoire de l'épuration, dans *La France « virile »* (Payot, 2019), les femmes sont accusées finalement des mêmes motifs que les hommes, à l'exception pratiquement de la collaboration militaire. *« Mais il y a ceci de spécifique*, explique-t-il, *c'est qu'en plus la suspicion d'une relation amoureuse, sexuelle, avec des soldats allemands vient s'y ajouter parce qu'elles sont des femmes. Et non pas parce qu'un certain nombre de faits l'établissent... Les femmes tondues ne sont pas tondues parce qu'elles ont couché avec les Allemands. Mais parce qu'elles sont tondues, on pense qu'elles ont couché avec les Allemands. »*

UN RETOUR À LA DOMINATION LÉGITIME

L'expression « collaboration horizontale » apparue dans l'immédiat après-guerre, qui désignait déjà au XIXe siècle une femme entretenue ou une prostituée, rend en effet accessoire tout ce qui relève de l'engagement politique. Or, sur les 20 000 femmes tondues en France dans le cadre de l'épuration extrajudiciaire, seule la moitié a eu un rapport intime avec l'occupant. Fabien Lostec, auteur d'une étude exhaustive sur l'épuration féminine (*Condamnées à mort*, CNRS Editions, 2024), dément également le postulat d'un collaborationnisme principalement masculin. Il suit des parcours de femmes politisées et dissèque les raisons qui ont poussé certaines d'entre elles à s'engager au nom de valeurs réactionnaires, à l'image de Marguerite Jonlet, secrétaire départementale du PPF, arrêtée en 1945, condamnée et graciée en 1946.

De multiples facteurs orientent un choix parfois difficile. Secrétaires, interprètes, infirmières ont travaillé pour l'occupant par nécessité financière, sans

forcément adhérer à leur cause, ou, au contraire, ont profité de la situation pour gravir les échelons. Le régime de Vichy représentait qui plus est une autre possibilité stable face au communisme et à la défaite de 1940.

L'ordre patriarcal et les rôles genrés sont alors perçus comme une complémentarité plutôt que comme une hiérarchie, comme l'explique l'anthropologue Françoise Héritier dans *Masculin/ Féminin II. Dissoudre la hiérarchie* (éd. Odile Jacob, 2002). Cette autonomie inattendue rend ces femmes d'autant plus dangereuses qu'elle bouscule les représentations traditionnelles, notamment l'« éternel féminin » inscrit par le maréchal Pétain dans l'idéologie de la « Révolution nationale ».

Si les châtiments infligés presque exclusivement par des hommes sont destinés à effacer la honte et la souillure de l'Occupation, ils affirment aussi le retour à un certain ordre, celui de la domination légitime que les « mâles » exercent sur les femmes et leur corps. Dans un climat de vengeance exacerbé où les autorités peinent à éviter des débordements incontrôlables, la tonte – œuvre de milices locales ou de groupes d'anciens résistants – sert souvent de défouloir collectif. La population participe activement à ces scènes de violence en insultant ou en frappant les victimes. Bien que convaincues de la nécessité du rétablissement de l'ordre républicain, les juridictions extralégales décident de l'exécution de 75 femmes.

UNE SUPPOSÉE FAIBLESSE

Mais cet imaginaire viril de la France libérée se manifeste également dans la violence légale. Afin de restaurer l'autorité de l'Etat et de légitimer la Résistance, le gouvernement provisoire de la République française (GPRF), dirigé par Charles de Gaulle, met en place plusieurs institutions : les tribunaux militaires, les comités départementaux d'épuration et les cours de justice. Créées par l'ordonnance du 26 juin 1944 et composées d'un magistrat professionnel et de jurés pour la plupart issus de la Résistance, ces dernières ont compétence pour juger les faits de collaboration les plus graves.

Environ 11 000 femmes ont été condamnées pour collaboration par les tribunaux légaux dans le cadre de l'épuration judiciaire. Sur l'ensemble des 791 exécutions capitales prononcées

LE VISAGE DE L'ÉPURATION – Le 16 août 1944, Simone Touseau, 23 ans, photographiée par Robert Capa. Un cliché emblématique.

en France, dont 651 par les tribunaux légaux, 46 femmes ont été officiellement exécutées entre 1944 et 1949. La dernière, Odette Lebé, sera fusillée au champ de tir de La Varenne, près de Riom (Puy-de-Dôme), en janvier 1949, pour des faits de collaboration policière.

Pourtant, l'ordonnance du 8 juin 1945, qui s'inscrit dans un mouvement progressif de sortie de l'épuration, amorce une transition vers une politique plus clémente. De 1947 à 1953, des lois d'amnistie sont votées pour apaiser les tensions sociales. Dans le troisième tome de ses *Mémoires de guerre* (Plon, 1959), le général de Gaulle, soucieux de tempérer la répression parfois brutale de la Libération, souligne qu'il a commué la peine de toutes les femmes. Ces dernières sont traditionnellement moins durement sanctionnées que les hommes.

Cependant, le code pénal n'effectue aucune distinction en cas de punition capitale. Depuis la Révolution française, 2 500 à 3 000 femmes ont été exécutées, la majorité durant la Terreur. Après 1800, ce chiffre tombe à quelques dizaines, dont huit pour la période allant de 1900 à 1981, année de l'abolition de la peine de mort.

Pour atténuer leur sentence, de nombreuses accusées n'hésitent pas à mettre en scène leur faiblesse supposée. Mais cette prétendue infériorité exprimée par les mots d'*imbecillitas* ou d'*infirmitas* dans le droit romain peut tout aussi bien se retourner contre elles. Fabien Lostec note à ce propos qu'inversement la virilisation, signe d'anormalité, est moins une preuve d'irresponsabilité que de dangerosité aux yeux des magistrats, car elle renvoie à une inversion contre nature.

UNE MARGINALISATION PERSISTANTE

Alors que la population carcérale n'a cessé d'augmenter jusqu'au milieu de l'année 1945, les premières remises de peine et l'essoufflement des jugements font passer le nombre de détenues dans les 14 établissements habilités à les recevoir de 6 091 en janvier 1946 à moins de quelques centaines en 1953. Comme l'explique Fabien Lostec, le contraste entre les peines prononcées et celles qui sont subies est important. Les femmes dont la peine capitale a été commuée en peine de travaux forcés à perpétuité à partir d'octobre 1944 recouvrent la liberté au plus tard à la fin des années 1950. En revanche, Mathilde Carré, alias « la Chatte », agent double, voire triple, dont la peine capitale a été commuée en vingt ans de réclusion dans la centrale de Rennes (premier établissement exclusivement féminin), est libérée en 1962 après seize années de prison. Dans ses mémoires (*On m'appelait la Chatte*, éd. Albin Michel, 1975), elle revient sur cette interminable attente : « *Rien ne se dessine, ni la mort ni la grâce.* »

Contrairement aux hommes, dont la réinsertion a parfois été facilitée par leurs compétences professionnelles ou par leur réseau, les femmes perçues comme des « *traîtresses* » à la patrie ont dû affronter une marginalisation persistante. Pour éviter l'humiliation publique ou les représailles liées à leur collaboration avec l'occupant nazi, certaines ont choisi de mettre fin à leurs jours. Pour d'autres, l'exil vers le Maroc ou l'Amérique latine est parfois l'unique solution pour recommencer leur vie sous une autre identité. Alors que les criminels nazis les plus connus ont souvent été rattrapés par l'histoire, des collaboratrices ont ainsi pu se reconstruire dans l'ombre, loin de la justice et du jugement de leurs contemporains. ●

APRÈS LES COMBATS, LE DIFFICILE RETOUR À LA VIE CIVILE

Comment refaire sa vie et être compris quand on plonge
dans l'anonymat après la fin de la guerre?
L'historienne Julie Le Gac insiste sur l'épreuve
qui attend ces millions de soldats démobilisés,
marqués par des blessures invisibles.

PAR JULIE LE GAC

JULIE LE GAC
Maîtresse
de conférences
à l'université
Paris-Nanterre et
membre de l'Institut
universitaire de France,
elle est historienne
de la seconde guerre
mondiale et de la
psychiatrie de guerre.
Elle a publié, avec
Nicolas Patin, *Guerres
mondiales. Le désastre
et le deuil 1914-1945*
(Armand Colin, 2022).

T out soldat imagine qu'il va sauter du train, courir le long du quai et enlacer sa femme dans ses bras. *Mais rien de tout cela n'est arrivé. Ma femme se cachait derrière un poteau. Quand on est monté dans un taxi, elle a dit à mon fils : "Voici ton papa." Il m'a dit : "Tu n'es pas mon papa. Mon papa est sur le mur." J'étais une image qu'il ne pouvait associer avec moi. Cela m'a brisé le cœur. »* Quarante années plus tard, le Britannique John Brum se souvient encore de sa brûlante désillusion, après quatre années passées en Birmanie au sein du régiment d'infanterie du Royal Norfolk. Ce moment tant attendu, horizon d'attente souvent idéalisé, signant à la fois la fin des combats, des violences et des privations mais aussi les retrouvailles avec ses proches, se révèle en réalité fréquemment plus éprouvant qu'escompté.

Alors que s'achève la seconde guerre mondiale, à quelles difficultés se heurtent les millions de soldats démobilisés (16 millions d'Américains, 5 millions de Britanniques, 11 millions de Soviétiques) et de prisonniers de guerre (dont 1 800 000 Français) progressivement libérés ?

LIVRÉS À EUX-MÊMES

Conscientes des enjeux politiques et sociaux, les autorités s'efforcent d'accélérer et de ritualiser le processus. Les premiers bateaux rapatriant les prisonniers de guerre de Singapour et de Rangoun qui accostent à Liverpool sont acclamés par la foule emplissant les rues pavoisées. Le 1er juin 1945, à l'aéroport du Bourget, le millionième rapatrié français d'Allemagne, le prisonnier de guerre Jules Garron, est accueilli, sous le regard des photographes et avec du champagne, par Henri Frenay, ministre des prisonniers, des déportés et des réfugiés.

A mesure que le temps passe, toutefois, les célébrations se raréfient puis disparaissent, et ceux qui retrouvent leur foyer au cours de l'année 1946 (la grande majorité) se heurtent à un anonymat déconcertant. Le retour à la vie civile est facilité par l'octroi d'avantages (accès à l'université ou priorité du retour à l'emploi) et de biens matérialisant la reconnaissance de la patrie à leur égard, dont le GI Bill, aux Etats-Unis, est la manifestation la plus aboutie. En Grande-Bretagne, les hommes reçoivent un set complet de vêtements, dont un costume unique qui les distingue rapidement dans la rue. Dans les faits, néanmoins, le passage par les centres de démobilisation est souvent expéditif, et nombreux sont ceux qui expriment le sentiment d'avoir été livrés à eux-mêmes, après des années rythmées par un quotidien militaire.

UNE PRIME, UN BILLET DE TRAIN ET UNE COUVERTURE KAKI

Solange Cuvillier, engagée dans l'armée française en tant que conductrice sanitaire à Alger en 1943, est, comme toutes les auxiliaires féminines de l'armée de terre, renvoyée dans ses foyers en février 1946. Elle rend alors avec tristesse son paquetage désormais crasseux, reçoit en échange une prime de 1000 francs, un billet de 2e classe Lyon-Paris et une couverture kaki qu'elle transforme rapidement en manteau. Faisant le choix de ne pas retourner au Maroc, où sa famille l'attend, elle se heurte à de sérieuses difficultés financières et évite, selon ses mots, la *« clochardisation »* en bradant des bijoux de famille et en bénéficiant de la générosité de trois anciens Français libres originaires d'Afrique du Nord qui l'hébergent pendant de longs mois.

Au-delà des difficultés matérielles, il est souvent malaisé de retrouver sa place, après tant d'années loin des siens. La presse n'est d'ailleurs pas avare en conseils, en particulier à l'intention des femmes, sur lesquelles pèse la charge de resserrer les liens familiaux. Le magazine britannique *Woman* enjoint ainsi en octobre 1945 aux femmes d'être *« plus jolies qu'avant, de meilleure compagnie et plus désirables que jamais »*. Bien des couples éprouvent alors des difficultés à reprendre la vie commune, comme en témoignent les statistiques de divorce. En Grande-Bretagne, le nombre de divorces en 1947 (60 254) est presque dix fois supérieur à celui de 1938 (6 250). En France, leur nombre a doublé entre 1938 (23 000) et 1947 (57 400).

REDEVENIR ÉPOUX ET PÈRE

De nombreux couples formés peu avant ou pendant le conflit se connaissent mal et comprennent que la vie commune leur pèse. Le 30 mars 1945, le tribunal civil de la Seine prononce ainsi le divorce des époux K. au motif que *« pendant l'absence de son mari, qui dès le 25 juin 1940 avait rejoint les Forces françaises libres, [... cette dernière] avait contracté des habitudes d'indépendance absolument incompatibles avec la dignité de la vie conjugale »*. Il n'est guère aisé non plus de retrouver une place de père auprès d'enfants qui ont grandi en leur absence.

> LE BRITANNIQUE MAURICE MERROTT, CONDUCTEUR DE LA VIIIE ARMÉE BRITANNIQUE, QUI AVAIT TANT ASPIRÉ À UN PEU D'INTIMITÉ PENDANT LA GUERRE, ÉPROUVE FINALEMENT UNE PROFONDE SOLITUDE.

Plus généralement émerge la question de la proportionnalité entre les sacrifices consentis et leur reconnaissance. Aux Etats-Unis, les vétérans expriment le sentiment d'être incompris par ceux qui n'ont pas connu la violence des combats. Le colonel Rusk, chargé de la réhabilitation au sein de l'armée de l'air, rapporte ainsi au *New York Times*, le 29 juin 1945, l'incompréhension d'un GI ayant combattu quatorze mois dans le Pacifique face au récit par ses parents de leurs privations : *« Il entendit encore le mot de son père, "sacrifice", et pensa aux hommes*

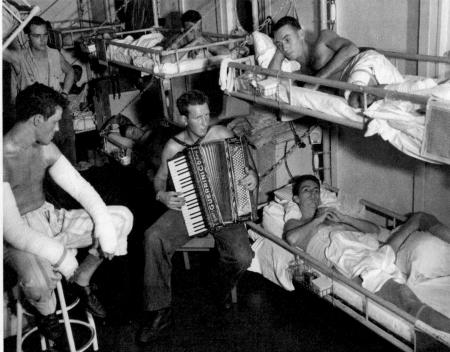

REPOS – Jack Ostwalj, l'un des premiers Canadiens blessés sur le front occidental, février 1945. Dans leur chambrée, des marines blessés après les combats dans le Pacifique Sud.

qu'il connaissait avec des bras et des jambes en moins, aux autres alités avec de la fièvre à l'hôpital et à ceux enterrés sous des croix blanches dans le sable. »

En France, où nombreux furent les hommes à rester à l'arrière, les honneurs de la Libération sont scrutés à l'aune des choix opérés pendant le conflit. Français libres et mobilisés en Afrique du Nord expriment parfois avec amertume l'impression d'avoir sacrifié une partie de leur jeunesse pour leur patrie tandis que les Français métropolitains leur apparaissent bien souvent désinvoltes, voire ingrats. Dans les pays vaincus, aux souffrances endurées, à la honte de la défaite s'ajoute l'impératif épineux de se confronter aux crimes commis et d'apprécier les responsabilités de chacun.

COUPABLES D'AVOIR SURVÉCU

La désillusion du retour naît aussi, parfois, d'une difficulté à « *rompre avec l'arôme de ces années essentielles* », selon la formule du poète et résistant René Char. Pierre Scherrer, médecin engagé en 1944 au sein des Forces françaises de l'intérieur, se souvient de l'ambiguïté de ses sentiments à l'annonce de la victoire. Il n'avait « *pas ressenti cette émotion, cette ivresse du triomphe* [qu'il] *attendai*[t] », mais, « *au contraire, une impression de désenchantement, comme une désillusion. Quoi ? Déjà ? Déjà fini ?* » L'ordinaire du temps de paix apparaît à certains affreusement banal. D'autres regrettent la camaraderie du front. Le Britannique Maurice Merrott, conducteur de la VIIIe armée britannique, qui avait tant

RETOUR – Une femme retrouve son mari à la gare de Riga, en Lettonie, ex-URSS.

aspiré à un peu d'intimité pendant la guerre, éprouve finalement une profonde solitude. Il confie se sentir « *plus seul qu'au beau milieu du désert, plus isolé de la civilisation ou du contact des autres que quand* [il se] *trouvai*[t] *dans les régions désolées d'Afrique du Nord* ».

La fin de la guerre sonne l'heure des décomptes et rend plus cruelle encore l'absence des morts et des disparus. Au-delà de la douleur de la perte, beaucoup évoquent la culpabilité d'avoir survécu quand la mort a arbitrairement frappé leurs camarades. « *Pourquoi ai-je été épargné, moi ?* », s'interroge en ce sens Roger Gunther, ce jeune Messin engagé dans la Iʳᵉ armée, alors que s'achève la campagne de France. Certains portent

dans leur chair les stigmates de la guerre tandis que d'autres, enfin, ne parviennent pas à s'extirper de la violence des combats et souffrent, bien après que les armes se sont tues, d'anxiété, de troubles du sommeil ou de l'humeur.

Bill Bates sillonnait la mer de Barents à bord de la frégate HMS *Goodall* lorsque celle-ci fut torpillée, le 29 avril 1945, et que 98 de ses 156 coéquipiers périrent : pendant de longues décennies, les cris de ses camarades dans l'eau glacée ont hanté ses cauchemars.

Dans ces abîmes de douleur et d'incertitudes, l'aspiration à un retour à la normalité s'exprime pourtant avec vigueur et impose une progressive sortie de guerre. ●

LE NOUVEAU MONDE

LIBÉRATION – Le 8 mai 1945, à l'annonce de la capitulation sans condition de l'Allemagne nazie, la foule parisienne et de nombreux soldats alliés envahissent les rues de Paris. Ici, la liesse sur l'avenue de l'Opéra.

ENTRETIEN **AVEC SABINE JANSEN**

« Le monde après 1945 doit être ouvert, démocratique, pacifique et coopératif »

Au lendemain de la guerre, si les deux principaux vainqueurs, les Etats-Unis et l'URSS, parlent de paix, ils n'en ont pas la même conception. Ce qui, au fil des divergences, va enclencher la mécanique de la guerre froide, jusqu'à la chute de l'URSS en 1991, rappelle l'historienne Sabine Jansen.

PROPOS RECUEILLIS PAR GAÏDZ MINASSIAN

Quand la guerre prend fin au printemps-été 1945, à quoi les vainqueurs s'attellent-ils ? Reconstruire un monde et une paix, mais quel monde et quelle paix ?

En 1945, nous sortons de huit années de guerre mondiale, et non de quatre. La tâche est titanesque. Le bilan est effroyable, qu'il soit humain (60 millions de morts) ou matériel. Pour le monde d'après, les objectifs des Alliés sont affichés dès 1941 dans la Charte de l'Atlantique et sont repris et développés dans celle de l'ONU. Que veut-on faire ? Créer un monde qui soit radicalement différent de l'ancien, celui des années 1930, marqué par la crise économique, le protectionnisme, l'apogée des totalitarismes, le réarmement et la multiplication des conflits. Le monde après 1945 doit être ouvert, démocratique, pacifique et coopératif. Le président américain Roosevelt parle d'un *« monde libéré de la peur »*. La Déclaration sur l'Europe libérée, approuvée à Yalta, affirme le principe de gouvernements issus d'élections libres.

Quels sont les enjeux de la paix entre les vainqueurs occidentaux et soviétiques ?

A l'est comme à l'ouest, l'urgence impose sa loi. Il faut nourrir la population (l'hiver de la famine aux Pays-Bas a fait 20 000 morts entre septembre 1944 et mai 1945), gérer des millions de soldats démobilisés, de prisonniers libérés et de personnes déplacées.

Partout, il faut reconstruire et réparer. Au-delà des tâches immédiates, les déclarations convergent vers la nécessité de créer un système de sécurité collective, mais les arrière-pensées divergent.

Pour l'URSS, l'ONU n'est pas une priorité. Staline entend éliminer toute nouvelle menace par la création d'un glacis protecteur en mettant la main sur l'Europe centrale et orientale. Et ce n'est à ses yeux qu'un début. Pour Roosevelt, inversement, une organisation collective engageant les grandes nations est cruciale. Il s'agit de ne pas refaire les erreurs de 1920, quand les Etats-Unis avaient refusé de participer à la Société des nations. Les Britanniques ont un triple souci : ne pas laisser l'URSS dominer l'Europe, restaurer le vieil équilibre conti-

SABINE JANSEN
Professeure des universités au Conservatoire national des arts et métiers (CNAM), elle est docteure en histoire, chercheuse rattachée au Lirsa-CNAM et associée à Echelles-Université Paris Cité, secrétaire générale de la *Revue historique*, rédactrice en chef de la revue *Questions internationales*.

nental, favoriser le retour à la démocratie. Le dessein commun d'hier – mettre à bas l'ordre nazi – masque mal la différence des approches et la concurrence des ambitions.

Qui l'a vraiment emporté en 1945 ? Le monde libéral, qui va développer le modèle social et économique (Bretton Woods, etc.), ou le monde communiste, qui l'emporte en Europe de l'Est et en Chine ?

Le « maître des mers » – entendez les Etats-Unis – configure le nouvel ordre mondial. Il a multiplié son produit national brut par deux et détient 80 % du stock d'or mondial. Les accords de Bretton Woods font du dollar le pivot du nouveau système monétaire international *(lire p. 52)*. Les institutions qui émergent – ce n'est pas un hasard si le siège de l'ONU est à New York – sont fortement influencées par le modèle américain. Le plan Marshall et le GATT font triompher ce qui est au cœur du credo états-unien de l'époque, aujourd'hui remis en question par le président américain, Donald Trump : le libre-échange et le commerce international. Staline s'impose toutefois comme le « maître des terres », de l'Europe orientale à la Chine, qui bascule en 1949 dans le camp socialiste. Il incarne de plus l'espoir des déshérités et des peuples colonisés.

A-t-on, de l'Est à l'Ouest, la même conception de la paix ?

Certainement, si la paix signifie la cessation des hostilités. Si elle implique la mise en commun d'un certain mode d'organisation économique, politique et sociale, la réponse est non. La dictature du prolétariat n'a rien à voir avec la démocratie libérale, et les deux systèmes seront en tension permanente. Ils n'éviteront l'affrontement direct que par la mise en œuvre de la guerre par délégation, par exemple en Corée ou au Vietnam.

Cette différence de conception n'est-elle pas que, pour les Soviétiques, la paix est un moyen au service d'une idéologie, alors que pour les Occidentaux la paix se présente comme un but en soi ?

A l'ouest, la paix s'identifie aussi à un choix idéologique. C'est en substance celui du libéralisme, du libre-échange et du multilatéralisme. Il est proche de celui des démocraties européennes, l'Etat-providence en moins. La vraie différence, c'est peut-être que les Etats-Unis ne se donnent pas pour but, jusqu'à la présidence Reagan, de détruire le système soviétique, mais celui de le contenir ou de le refouler. Sans doute parce que l'Occident, à la différence de l'URSS, a beaucoup à perdre et peu à gagner. La guerre n'a pas eu les mêmes conséquences pour tous. Le territoire américain est à 8 000 kilomètres de l'Europe et n'a pas subi les ravages du conflit. L'URSS et les territoires qui l'entourent ont été saignés à blanc. Staline a conscience de sa vulnérabilité. Cela explique sa demande de 20 milliards de dollars de réparations et son opposition au plan Marshall. L'URSS représente le parti de la révolution, qui sert de ciment à l'intérieur et d'instrument de soft power à l'extérieur. Vient toutefois le moment où l'URSS découvre qu'elle n'a pas les moyens de ses ambitions. Les Soviétiques perdent la guerre froide. Les Occidentaux s'imaginent l'avoir gagnée : erreur d'analyse. Pour ces derniers aussi, le réveil sera rude.

Ce nouveau système international mis en place en 1945 a-t-il connu des échecs ?

Il est allé d'échec en échec, mais a assuré un ordre bipolaire relativement stable. Premier échec, la substitution de la guerre froide et des guerres chaudes localisées à la Grande Alliance. La guerre de Corée (1950-1953) a tout de même fait plus de 2,5 millions de victimes. Deuxième échec : l'Europe centrale et orientale est passée d'une occupation étrangère à une autre. A cet égard, Roosevelt a une part de responsabilité, car il n'a rien fait pour contrôler les ambitions de Staline et imposer des élections libres dans l'ensemble de l'Europe libérée. Troisième échec, l'absence de traité de paix avec l'Allemagne, et le maintien jusqu'en 1989 d'une tension permanente autour de la question allemande. Le nouvel ordre a aussi été défaillant en 1948, quand éclate le premier conflit israélo-arabe. Enfin, la question coloniale a été mise sous le boisseau en dépit de l'article 55 de la Charte de l'ONU.

Comment expliquez-vous que la guerre continue ailleurs (Proche-Orient, Asie, Afrique) ?

Le conflit a d'abord ébranlé le système colonial, ouvrant la voie aux guerres de libération, avec le soutien plus ou moins actif de l'URSS et des Etats-Unis, hostiles aux Empires français et britannique. Ainsi, la fin de l'occupation japonaise en Asie a conduit à la proclamation des républiques indépendantes du Vietminh et d'Indonésie, entraînant les ripostes militaires française et hollandaise. Il y a également des guerres civiles, en Chine mais aussi en Europe, notamment en Grèce jusqu'en 1949.

Pourquoi la communauté internationale n'a-t-elle pas mis en place une justice pénale au lendemain de la seconde guerre mondiale après les horreurs du génocide des juifs et notamment les procès de Nuremberg ?

Dès 1941, la déclaration de Saint-James des représentants des gouvernements en exil appelle à créer une juridiction internationale pour punir les crimes de guerre. Il faut attendre les capitulations allemande et japonaise pour que naisse une justice pénale internationale avec les procès de Nuremberg et de Tokyo entre 1945 et 1948. A côté de la notion ancienne de crime de guerre, émergent celle de crime contre l'humanité et celle de génocide, consacrée par la convention de l'ONU de 1948. Elle prévoyait une cour criminelle, mais la Commission du droit international de l'ONU s'est arrêtée en chemin. L'entrée dans la guerre froide lui a été fatale.

« LES DEUX SYSTÈMES N'ÉVITERONT L'AFFRONTEMENT DIRECT QUE PAR LA MISE EN ŒUVRE DE LA GUERRE PAR DÉLÉGATION, PAR EXEMPLE EN CORÉE OU AU VIETNAM. »

La guerre froide, qui démarre en 1946-1947, vous semblait-elle inévitable ?

En 1945, la Grande Alliance pouvait paraître solide, et les intérêts bien compris des Deux Grands destinés à converger. Les Etats-Unis et l'Union soviétique s'étaient certes relativement marginalisés dans le système international de l'entre-deux-guerres, et l'on pouvait imaginer qu'ils aspireraient à imposer leur condominium. C'est d'ailleurs ce qu'ils ont fait, mais conflictuellement, et non solidairement.

En vérité, ce qui paraît étrange, rétrospectivement, ce n'est pas la guerre froide, mais la naïveté du président Roosevelt, qui n'a jamais vu Staline comme un impérialiste. Churchill était lucide, mais il n'avait pas le pouvoir d'imposer ses vues. Tôt ou tard, la méfiance devait prendre le pas sur la volonté de coopération. D'autant que Moscou – même s'il calme, à l'ouest, comme le révèlent les archives soviétiques, les ardeurs révolutionnaires des communistes – pousse ses pions ailleurs, envahit l'Azerbaïdjan iranien en janvier 1946, dispute Kars, Ardahan et le contrôle du Bosphore à la Turquie, suscitant la doctrine Truman d'endiguement. Dès le 9 février 1946, au Bolchoï, avant même le discours du « rideau de fer » de Churchill, Staline annonce la renaissance de l'affrontement entre capitalisme et communisme. La mécanique de la guerre froide est enclenchée.

Comment la guerre froide a-t-elle pesé sur le multilatéralisme onusien ?

L'ONU a été créée par un commun accord entre Russes et Américains avec deux impératifs : l'efficacité et l'égalité. Il y avait toutefois contradiction : l'égalité entre les membres est de mise – un siège par membre à l'Assemblée générale –, mais, au nom de l'efficacité, le pouvoir revient à un directoire de cinq puissances qui jouissent d'un droit de veto et peuvent ainsi facilement bloquer le système. D'autant que, et c'est fondamental, Staline avait exigé que ce droit de veto s'applique sans exception, y compris lorsque les membres du directoire étaient directement concernés. L'ONU, devenue la caisse de résonance de la division bipolaire du monde, était promise à la paralysie. Le multilatéralisme en pleine guerre froide était une ambition oxymorique !

Comment les Etats ont-ils pu reconstruire des pouvoirs efficients et stables ?

Les 13,3 milliards de dollars du plan Marshall ont permis aux Etats d'Europe occidentale de se reconstruire et de se moderniser bien plus rapidement qu'à l'est. C'était un jeu gagnant-gagnant. Les Etats-Unis faisaient tourner leur économie et l'Europe s'enracinait à l'ouest. Malgré les violentes grèves lancées par les communistes en 1947-1948, les sociétés européennes, classe ouvrière comprise, se sont mobilisées pour reconstruire.

Et le retour rapide des élections a également contribué à la stabilité et à la légitimité de la démocratie restaurée. Formé dans la clandestinité et porté par la Charte du Conseil national de la Résistance, émerge alors un certain consensus réformiste autour de la nécessité d'un Etat-providence, d'un modèle social protecteur et d'un modèle économique semi-libéral qui coupe l'herbe sous le pied des mouvements extrémistes. La démocratie chrétienne qui triomphe dans l'Ouest européen, et qui joue un rôle non négligeable en France, contribue aussi à tempérer la dureté libérale par la solidarité organisée. ●

L'ONU, UNE SOLIDARITÉ AU SERVICE DU PROGRÈS, DE LA LIBERTÉ ET DE LA PAIX

Une coopération de tous les Etats est un point fondamental de la paix durable, insiste l'historienne Sandrine Kott, lorsqu'elle explique les origines des Nations unies, qui remontent à la Déclaration du 1er janvier 1942, en pleine guerre mondiale.

PAR SANDRINE KOTT

SANDRINE KOTT
Professeure d'histoire contemporaine de l'Europe à l'université de Genève et professeure invitée à l'université de New York. Après des recherches sur l'histoire sociale de l'Allemagne et sur la socio-histoire des pays communistes et post-communistes d'Europe centrale, elle travaille sur les organisations et les régulations internationales. Elle a publié *Organiser le monde. Une autre histoire de la guerre froide* (Seuil, 2021) et *A World More Equal. An Internationalist Perspective on the Cold War* (Columbia University Press, 2024).

La célébration, en 2025, du 80e anniversaire de la naissance de l'Organisation des Nations unies (ONU) est assombrie par ce que l'on appelle la « crise du multilatéralisme ». Blocage des organes décisionnels – en particulier du Conseil de sécurité –, absence de démocratie dans le fonctionnement, bureaucratie lourde et clientéliste souvent inefficace figurent parmi les critiques adressées à l'ONU.

Il importe toutefois de rappeler que le nombre de fonctionnaires onusiens est très modeste – environ 35 000 personnes – et en régression depuis le début des années 2000, et qu'en réalité cette crise est moins le fait des acteurs onusiens eux-mêmes que le résultat du déclin de la confiance que les gouvernements et les peuples avaient placée dans les vertus du multilatéralisme. Le Brexit, en 2016, ou la décision de sortir de l'Organisation mondiale de la santé (OMS) du président des Etats-Unis, Donald Trump, en janvier 2025, témoignent de l'abandon des idéaux internationalistes qui avaient fondé l'ONU après la seconde guerre mondiale. Pour mesurer l'ampleur de ce revirement, en comprendre la nature et les effets, il est utile de revenir aux origines de la fondation de l'ONU.

Si l'Organisation des Nations unies est bien née en juin 1945 à San Francisco, les nations se sont d'abord unies dans la guerre contre les fascismes. La Déclaration des Nations unies du 1er janvier 1942 fut adoptée par 26 pays alliés. Elle reprenait les grands objectifs de la Charte de l'Atlantique signée, en août 1941, par Churchill et Roosevelt, alliés dans la guerre contre le nazisme. Dans le sillage du discours des quatre libertés du président des Etats-Unis Franklin D. Roosevelt en janvier 1941, elle promettait un monde où les peuples pourraient choisir leur régime politique et où la libre circulation des personnes et des marchandises assurerait la prospérité de tous. C'est dans cet esprit que fut créée, en novembre 1943, la première agence des Nations unies.

L'Administration des Nations unies pour le secours et la reconstruction (Unrra) poursuivait l'objectif de prendre en charge et de venir en aide aux populations libérées en leur fournissant une aide d'urgence, mais aussi en favorisant la reconstruction des pays ravagés par la guerre. Son financement était assuré par une contribution volontaire à hauteur de 1 % du produit intérieur brut (PIB) des pays qui n'étaient pas occupés. Les Etats-Unis contribuèrent ainsi pour 73 % des livraisons de produits de première nécessité ou de matériels.

LES MÊMES TENSIONS DÈS LE DÉBUT

En décembre 1946, l'Unrra, acteur majeur de la solidarité internationale, employait plus de 21 000 personnes, dont plus de 1 500 volontaires, souvent des femmes. Un chiffre que le secrétariat de l'ONU n'atteindra que dans les années 1970. Une partie des membres de l'Unrra avait d'abord travaillé pour la Société des nations (SDN), fondée à la sortie de la première guerre mondiale. En 1948, quand l'Unrra fut fermée, certains rejoignirent le système des Nations unies.

Comme la SDN qui l'avait précédée, l'ONU est donc née de la guerre. Elle se fixe comme elle l'objectif d'assurer la paix et proclame le droit des peuples à disposer d'eux-mêmes. Mais la Charte de l'ONU affirme et défend deux autres valeurs importantes. Contre la barbarie nazie (toutefois jamais mentionnée dans les textes fondateurs), elle proclame sa « *foi dans les droits fondamentaux de l'homme, dans la dignité et la valeur de la personne humaine, dans l'égalité de droits des hommes et des femmes* ». Elle promet par ailleurs le progrès économique et social à tous les peuples. Un progrès partagé qui est vu comme la condition même de la paix.

> LES DIFFÉRENTES AGENCES DE L'ONU ONT COORDONNÉ DES INTERVENTIONS OU DES PROGRAMMES QUI ONT PERMIS D'ACCROÎTRE LE BIEN-ÊTRE DE TOUS, COMME L'ÉRADICATION DE LA VARIOLE.

Dès l'origine, la nouvelle organisation fut traversée de tensions qui sont toujours à l'œuvre dans la crise actuelle. Si elle trouve sa raison d'être dans la défense de valeurs et de causes internationales comme la paix, les droits humains, la santé globale, la justice sociale universelle, l'éducation pour tous, elle est organisée selon une logique intergouvernementale qui contrarie cet internationalisme. L'article 2 de la Charte précise qu'« *aucune disposition de la présente Charte n'autorise les Nations unies à intervenir dans des affaires qui relèvent essentiellement de la compétence nationale d'un Etat* ». Le fonctionnement de l'organisation est dépendant des contributions financières de chaque Etat membre, au nombre de 51 en 1945 et de 193 aujourd'hui. Ces contributions sont calculées en fonction du PIB et de la population de chaque pays : une forme de solidarité internationale qui donne également un grand pouvoir aux Etats les plus puissants.

Par ailleurs, ce sont les gouvernements qui ratifient et appliquent les normes internationales et qui mettent en œuvre les mesures élaborées par les secrétariats permanents des diverses agences. Ces mesures et décisions ont d'ailleurs été préalablement discutées et adoptées par les assemblées générales, dans lesquelles siègent des représentants des gouvernements. Ce sont aussi les armées nationales qui fournissent les contingents de soldats nécessaires aux opérations de maintien de la paix, dont la première, en 1956, était chargée de superviser le cessez-le-feu et le retrait des forces franco-britanniques d'Egypte après la crise du canal de Suez.

UN CONTRÔLE DES ANCIENNES COLONIES

Les conflits et rivalités entre Etats qui, dès les origines, se font entendre au Conseil de sécurité comme à l'Assemblée générale ont donné le sentiment d'une paralysie. Pourtant, silencieusement, les secrétariats permanents de l'organisation et de ses agences spécialisées ont travaillé à assurer la mission internationale qui leur avait été confiée. Les programmes d'assistance technique ont poursuivi le but de créer un monde plus égal. L'organisation et ses agences ont produit des normes ou des conventions qui, jusqu'à aujourd'hui, visent à assurer un meilleur respect des droits des personnes. Même si elles ne sont pas nécessairement respectées par les Etats, ces normes constituent des standards qui peuvent être appropriés par certains groupes, comme c'est le cas des conventions des droits de l'homme (à l'instar de la torture) ou des conventions internationales du travail (contre le travail forcé, pour donner un autre exemple).

En dépit des critiques qui ont été formulées à son encontre, les veilles épidémiologiques de l'OMS ont permis de donner l'alerte sur des dangers sanitaires à de nombreuses occasions. Les différentes agences de l'ONU ont coordonné des interventions ou des programmes qui ont permis d'accroître le bien-être de tous, comme l'éradication de la variole.

Mais il est vrai que l'ONU est également confrontée à une contradiction entre le « *principe de l'égalité des droits des peuples* » affirmé par la Charte et la réalité de leur inégalité. Jusqu'à aujourd'hui, les puissances victorieuses de la seconde guerre mondiale constituent les cinq membres permanents du Conseil de sécurité. En contradiction avec la proclamation du droit des peuples à disposer d'eux-mêmes, le conseil de tutelle de l'ONU a prolongé les pratiques de la commission des mandats de la SDN. L'objectif proclamé était certes de préparer les Etats à l'indépendance, mais le Conseil a permis aux grandes puissances coloniales de maintenir leur contrôle sur ces territoires dépendants qui n'étaient d'ailleurs pas

davantage représentés à l'ONU qu'ils ne l'avaient été à la SDN (à l'exception de l'Inde). L'intervention onusienne du Congo (1960-1964) a même pu être interprétée comme un moyen de prolonger la domination de la puissance coloniale belge.

Néanmoins, l'Assemblée générale, où chaque pays membre dispose d'une voix, a constitué un forum pour les pays nouvellement décolonisés. Le 14 décembre 1960, l'Assemblée générale adopte ainsi la Déclaration sur l'octroi de l'indépendance aux pays et aux peuples coloniaux, qui proclame « *solennellement la nécessité de mettre rapidement et inconditionnellement fin au colonialisme sous toutes ses formes et dans toutes ses manifestations* ».

QUAND LES PUISSANTS TOURNENT LE DOS

En 1964, le « groupe des 77 », qui regroupait les pays du tiers-monde, a pu faire entendre une voix singulière. Celle-ci s'est traduite par la fondation de la Conférence des Nations unies sur le commerce et le développement, puis, en 1974, par la déclaration du nouvel ordre économique international en faveur du respect de la souveraineté économique des pays moins développés et d'une meilleure répartition des ressources mondiales.

C'est à ces promesses de plus grande égalité, pourtant inscrites dans

la Charte, que se sont opposés les Etats les plus puissants. Ils se sont repliés sur des espaces intergouvernementaux comme l'Organisation de coopération et de développement économiques, le « groupe des 7 » (G7), créé en 1975, au sein desquels ils prirent l'habitude de discuter entre eux de questions économiques qui concernent l'ensemble du monde.

L'invasion de l'Ukraine par l'armée russe en 2022, la sortie unilatérale, en 2017 puis en 2025, décidée par le gouvernement des Etats-Unis, de l'accord de Paris sur le climat, signé en 2015 par la quasi-totalité des pays représentés à l'ONU, sont par ailleurs l'expression d'une politique de toute-puissance qui tourne le dos aux objectifs de coopération internationale en faveur de l'équilibre et de la préservation de la paix. Objectifs qui furent au fondement de la création de l'ONU, dans le sillage des horreurs de la seconde guerre mondiale. ●

L'ESPOIR RENAÎT – La Conférence mondiale pour la paix, à San Francisco, du 25 avril au 26 juin 1945, acte de naissance de l'ONU.

> IL EST VRAI QUE L'ONU EST ÉGALEMENT CONFRONTÉE À UNE CONTRADICTION ENTRE LE « *PRINCIPE DE L'ÉGALITÉ DES DROITS DES PEUPLES* » AFFIRMÉ PAR LA CHARTE ET LA RÉALITÉ DE LEUR INÉGALITÉ.

L'Europe à la charnière de deux époques

Le Vieux Continent se reconstruit dans la douleur en 1945.
Face aux deux grandes puissances américaine
et soviétique, l'Europe voit renaître des Etats fondés
sur le droit. L'ère des démocraties libérales s'amorce,
sous la houlette de personnalités visionnaires.

PAR BERTRAND LE GENDRE

**BERTRAND
LE GENDRE**

Journaliste au *Monde*
de 1974 à 2011,
professeur associé
à l'université Paris-II
Panthéon-Assas
de 2000 à 2011.

L'Europe démocratique, unie, en paix, capitaliste mais sociale, qui surgira bientôt des décombres de la seconde guerre mondiale, est encore dans les limbes en 1945. Ses habitants aspirent d'abord à sortir du chaos. Mais une poignée d'hommes songent déjà à redessiner le continent en le dotant de valeurs communes : les Français Jean Monnet et Robert Schuman, le Britannique Winston Churchill, le Belge Paul-Henri Spaak, l'Italien Alcide De Gasperi, l'Allemand Konrad Adenauer... Ce « club » de visionnaires qui divergent à l'occasion est uni sur l'essentiel. Ils veulent bâtir un monde nouveau à l'ouest du rideau de fer que Staline s'apprête à tirer sur le continent. Un cycle inédit s'ouvre, sans équivalent dans l'histoire de l'Europe, sinon le traité de Westphalie, signé en 1648, qui a mis fin à la guerre de Trente Ans et qui a remodelé le continent politiquement et socialement.

L'« ordre westphalien » qui se met en place à partir de 1945 est tout aussi décisif pour l'avenir de l'Europe que celui de 1648. Il a assuré à ses citoyens remontés de l'abîme des décennies de concorde et de prospérité, comme en avaient rêvé le philosophe prussien Emmanuel Kant, en 1795, avec son *Projet de paix perpétuelle*, et Victor Hugo, appelant de ses vœux, en 1849, des « Etats-Unis d'Europe ».

LA FRANCE D'ABORD RÉTICENTE...

La France du général de Gaulle est la moins disposée de toutes les nations européennes à rallier cette grande cause. L'homme qui a lancé, le 18 juin 1940, un appel à la « *résistance* » contre l'occupant nazi préside, à la Libération, le gouvernement provisoire de la République française, le GPRF. Il n'a pas surmonté l'humiliation de la défaite et de l'Occupation et voit toujours dans l'Allemagne l'ennemi

héréditaire, celui qui, en 1870, a amputé la France de l'Alsace et de la Lorraine. Il a souffert personnellement, dans sa chair, de cet antagonisme de toujours. Blessé trois fois au front pendant la première guerre mondiale, le capitaine de Gaulle a été emprisonné en Allemagne de 1916 à 1918.

L'histoire a surtout retenu les relations exceptionnelles qu'il a nouées avec le chancelier démocrate-chrétien Adenauer lorsqu'il a présidé de nouveau aux destinées de la France à partir de 1958. Mais le 21 décembre 1944, c'est un tout autre de Gaulle, tourné vers le passé, qui prend la parole devant l'Assemblée nationale, traçant des Allemands un portrait nourri de préjugés : « *Un grand peuple, mais qui perpétuellement tend à la guerre, parce qu'il ne cesse de rêver à la domination, capable, pour écraser les autres, de fournir d'extraordinaires efforts et d'endurer d'extrêmes sacrifices, toujours prêt à acclamer et à suivre jusque dans le crime ceux qui lui promettent la conquête.* »

A la Libération, le président du GPRF ne fait pas de différence entre les traditions bellicistes allemandes et les atrocités commises par les nazis. Il n'est pas prêt, à l'époque, à opérer la révolution copernicienne qui le conduira à s'exclamer, au cours d'un voyage triomphal outre-Rhin, en 1962 : « *Sie sind ein grosses Volk !* » (« Vous êtes un grand peuple ! »)

La plupart des Français pensent comme lui. Lorsque de Gaulle reçoit Adenauer en septembre 1958 à Colombey-les-Deux-Eglises (Haute-Marne), l'une de ses aides de maison, Louise Camaille, une Lorraine, refuse de mettre les pieds dans la salle à manger : « *Je ne servirai jamais un Allemand.* » Le romancier et chroniqueur François Mauriac n'est pas loin de penser comme elle. On lui prête ce mot : « *J'aime tellement l'Allemagne que je préfère qu'il y en ait deux* [celle d'Adenauer et celle qui est tombée aux mains des communistes de l'autre côté du rideau de fer]. »

... AVANT D'ÊTRE MOTEUR DE L'UNION

Prisonnier du passé, impuissant à surmonter ses a priori, de Gaulle craint, plus que tout, le réarmement de l'ennemi de toujours. Pour l'empêcher de reconstituer son industrie lourde et de faire de la rive gauche du Rhin une base arrière pour de nouvelles conquêtes, il souhaite occuper les territoires alle-

---

JEAN MONNET, L'INSPIRATEUR

Jean Monnet (1888-1979) n'a pas usurpé le titre de « père de l'Europe » auquel on l'identifie : personne n'a autant œuvré que lui pour cette cause. Il aurait aimé pousser cette intégration plus loin, mais la France n'y était pas prête. En témoigne la querelle au long cours qui a opposé Monnet à de Gaulle, mélange d'admiration et d'exaspération réciproques : leur Europe n'était pas la même. Homme de l'ombre, s'en satisfaisant, Monnet est issu d'une lignée de négociants en cognac, une profession qu'il exercera brièvement lui aussi. L'entreprise paternelle l'envoie tôt aux Etats-Unis, où, faisant un pas de côté, il remplira diverses missions économiques pour le gouvernement français.

Les relations transatlantiques sont désormais son domaine, lui dictant une vision du monde proaméricaine que de Gaulle ne pouvait partager. Celui-ci disait de lui : « *Monnet fait un très bon cognac. Malheureusement, cette occupation ne lui suffit pas.* » Lorsque éclate la seconde guerre mondiale, Monnet a déjà à son actif son expérience de secrétaire général adjoint de la Société des nations ; il a aussi été chargé, en 1938, d'accélérer le réarmement aérien de la France en sollicitant les Etats-Unis. De Gaulle, que Washington ignore superbement jusqu'en 1944, ne peut que faire appel à lui. En 1943, à Alger, il nomme Monnet commissaire au ravitaillement et à l'armement du Comité français

de libération nationale, qui tient lieu d'exécutif. Il lui reconnaît de telles compétences qu'il lui confie, en 1946, peu avant de quitter le pouvoir, la direction du tout nouveau Commissariat général du Plan. C'est à ce titre que Monnet conçoit le projet de Communauté européenne du charbon et de l'acier, appelé « plan Schuman », du nom du ministre qui lui a donné corps politiquement. Monnet est aussi derrière le projet d'armée commune européenne que de Gaulle torpille avec succès en 1954. A ses yeux, Monnet est l'« *inspirateur* » occulte d'une construction supranationale dont il ne veut pas. Reconnaissance tardive, les cendres du « père de l'Europe » ont été transférées au Panthéon en 1988.

COOPÉRATION FRANCO-ITALIENNE – Le 14 février 1951, en Italie, René Pleven, président du Conseil, et Robert Schuman.

mands que longe ce fleuve, de la Suisse à Cologne. Et ce *« de manière définitive »*. Autrement dit, les annexer.

Revancharde, comme lui, à la Libération, la France passe, avec le recul, pour l'un des pays les plus européistes du continent. Elle a joué un rôle décisif, les dix années suivantes, pour jeter les bases de l'Europe unie. Plus que tout autre pays, elle est à la charnière de deux époques, celle du ressentiment et celle d'une nouvelle religion, la foi européenne, qu'elle a embrassée, dans les années 1950, avec l'ardeur des prosélytes.

Lorsque de Gaulle quitte le pouvoir en 1946, dénonçant *« le régime exclusif »* des partis politiques, la voie est libre pour ceux qui, minoritaires mais actifs, se font une tout autre idée de l'avenir du continent. Deux hommes incarnent, au Quai d'Orsay, le nouveau cours de la politique française, issus l'un et l'autre des rangs de la démocratie chrétienne : Georges Bidault, ministre des affaires étrangères de 1944 à 1948 puis de 1953 à 1954, et Robert Schuman, à ce poste de 1948 à 1953. Le premier a succédé à Jean Moulin à la tête du Conseil national de la Résistance, le second a voté les pleins pouvoirs au maréchal Pétain en 1940. Mais, au sortir de la guerre, ils se font une idée œcuménique du devenir européen de la France.

Schuman est de ceux qui vont présider, en 1948, à la naissance du Mouvement européen, aux côtés notamment de Churchill, de De Gasperi et d'Adenauer. Cette nouvelle organisation fédère une constellation de structures qui, jusque-là, exprimaient, chacune de leur côté, leurs convictions européennes : l'United Europe Movement du Britannique Duncan Sandys (il est le gendre de Churchill), la Ligue européenne de coopération économique du Belge Paul Van Zeeland, le Mouvement socialiste pour les Etats-Unis d'Europe du Français André Philip, d'autres encore.

VALEURS PARTAGÉES ET LIBERTÉS FONDAMENTALES

Cette effervescence européiste pose les premiers jalons de l'unification du continent : la création, en 1951,

> À LA LIBÉRATION, LE GÉNÉRAL DE GAULLE NE FAIT PAS DE DIFFÉRENCE ENTRE LES TRADITIONS BELLICISTES ALLEMANDES ET LES ATROCITÉS COMMISES PAR LES NAZIS.

de la Communauté européenne du charbon et de l'acier (CECA) ; en 1957, de la Communauté économique européenne (CEE) ; en 1962, de la politique agricole commune, etc.

Cette Europe-là se veut une Europe des valeurs partagées. Elle se dote d'un cadre institutionnel, avec la création du Conseil de l'Europe, en 1949, à Londres, et son prolongement, la Convention de sauvegarde des droits de l'homme et des libertés fondamentales, signée à Rome l'année suivante. C'est Churchill qui a eu l'idée de départ. Auréolé de son inflexibilité face à l'envahisseur nazi, le Vieux Lion est la personnalité européenne la plus écoutée au lendemain de la guerre. ➡

En septembre 1946, dans un discours prononcé à Zurich, Churchill a prôné, comme Victor Hugo, la création des *«Etats-Unis d'Europe»*. Il est la première personnalité d'envergure à émettre l'idée que cette Europe-là doit se doter d'une direction, d'un leadership franco-allemand. Colère de De Gaulle, qui reproche à l'ancien premier ministre britannique – Churchill a perdu les élections au profit des travaillistes en 1945 – de parler de l'Allemagne comme d'une entité, alors que lui, de Gaulle, veut la démanteler. Tout sauf une renaissance du Reich.

> CHURCHILL EST CONVAINCU QUE L'APPÉTIT DE L'OGRE STALINE NE LEUR LAISSE D'AUTRE CHOIX QUE DE CONFIER LEUR AVENIR IMMÉDIAT AUX AMÉRICAINS. QUI D'AUTRE PROTÉGERAIT L'EUROPE?

Churchill lance d'autant plus facilement cette idée en 1946 qu'il est dans l'opposition. Quand il redeviendra premier ministre, en 1951, il tiendra soigneusement son pays à l'écart du continent – l'Angleterre est une île –, faisant sien le refus des travaillistes d'adhérer à la CECA. La CEE, elle aussi, se fera sans la Grande-Bretagne, à six : Allemagne de l'Ouest, Benelux (Belgique, Pays-Bas, Luxembourg), France et Italie. Le Royaume-Uni ne les rejoindra, après bien des péripéties, qu'en 1973.

Le refus de la Grande-Bretagne d'arrimer son destin, après-guerre, à celui des Six ne tient pas seulement à son splendide isolement et à la conviction qu'adossée à ses colonies, sur lesquelles le soleil ne se couche jamais, elle peut faire cavalier seul. Le British Empire est condamné à très court terme. Son refus tient surtout à une interrogation qui divise tout autant les européistes les plus convaincus : l'Europe unie doit-elle être une Europe américaine, tournée vers Washington, ou une Europe européenne, qui se suffit à elle-même?

SOUS LE PARRAINAGE DES AMÉRICAINS

Les Britanniques ont choisi. Les Six, selon les époques et ses dirigeants, ont hésité. Il n'y a que la France, en 1945, pour se tenir à distance calculée des Etats-Unis. De Gaulle, pour montrer qu'il n'accepte pas leur tutelle, et aussi parce que ses relations avec le président démocrate américain, Franklin D. Roosevelt, sont exécrables, est allé conclure à Moscou, fin 1944, avec Staline, un traité d'alliance et d'assistance mutuelle, accord *«prévu pour vingt ans»*, lit-on à la une du premier numéro du *Monde*, daté 19 décembre. Churchill est plus avisé quand il déclare trois mois plus tard dans un discours fameux à Fulton (Missouri) : *«De Stettin, sur la Baltique* [Szczecin, dans le nord de la Pologne], *à Trieste, sur l'Adriatique, un rideau de fer est tombé sur le continent.»*

Churchill, comme la majorité des dirigeants européens, est convaincu que l'appétit de l'ogre Staline ne leur laisse d'autre choix que de confier leur avenir immédiat aux Américains. Qui d'autre protégerait l'Europe? Qui d'autre l'aidera à se relever de ses cendres? De fait, la première organisation commune à voir le jour sur le continent a pour parrain Washington.

Le 16 avril 1948 naît l'Organisation européenne de coopération économique (OECE), que le secrétaire d'Etat américain George Marshall a portée sur les fonts baptismaux en conditionnant le plan d'aide des Etats-Unis, auquel il a laissé son nom, à un accord entre Européens (en 1961, l'OECE s'élargira à d'autres pays du «monde libre» et prendra le nom d'Organisation de coopération et de développement économiques, l'OCDE).

UNE «EUROPE DES ÉTATS» IMPOSÉE PAR DE GAULLE

L'Europe, anéantie par la guerre, ne peut se passer de l'assistance des Américains. Elle compte aussi sur leur protection pour faire pièce à la menace soviétique. C'est le sens du traité signé à Washington, le 4 avril 1949, créant l'Alliance atlantique et son outil de coordination militaire, l'OTAN.

La France de la IVe République (1946-1958) est membre fondatrice de ces deux organisations dominées par les Américains. Sauvée des décombres grâce au plan Marshall, à l'abri de leur «parapluie nucléaire», elle peut commencer à bâtir en parallèle, avec ses voisins, une Europe moins dépendante d'eux, plus européenne. Le Français Schuman amorce cette émancipation collective en proposant, en 1950, aux Européens, dont l'Allemagne de l'Ouest, de mettre en commun leur production de charbon et d'acier.

Il conçoit la CECA comme la première étape d'une *«fédération européenne»* dotée, à terme, d'un exécutif politique commun. Ce rêve, qu'il partage avec De Gasperi, Spaak et quelques autres, malgré des nuances, ne verra pas le jour. Il se fracasse en 1954 sur un écueil prévisible, la Communauté européenne de défense, la CED, un projet d'armée commune qui inclurait la nouvelle Wehrmacht, la Bundeswehr. A cette intégration, audacieuse pour l'époque, de Gaulle opposera avec succès sa conception d'une *«Europe des Etats»*, unis par des liens économiques de plus en plus étroits mais indéfectiblement souverains. ●

KONRAD ADENAUER, LE PACIFICATEUR

Il fallait un homme comme Konrad Adenauer (1876-1967) pour pacifier l'Allemagne et la réconcilier avec ses voisins européens, traumatisés par la barbarie nazie. Né à Cologne dans une famille de la petite bourgeoisie catholique – son père est greffier au tribunal –, il a été élu, à 41 ans, maire de cette ville, un poste dont il est écarté brutalement, à l'arrivée d'Hitler au pouvoir. Arrêté à deux reprises par la police politique du Reich, il est remis en liberté deux fois. Au lendemain de la défaite, les Américains le rétablissent dans ses fonctions de maire de Cologne. Nommé chancelier fédéral en 1949, il prend, en 1950, la direction de l'Union chrétienne-démocrate (CDU), qu'il avait contribué à créer en 1945. *Der Alte* («le Vieux») a 73 ans quand il accède à ces responsabilités qu'il abandonnera, à contre-cœur, à 87 ans. Dans l'intervalle, il aura ancré l'Allemagne de l'Ouest – la République fédérale d'Allemagne, capitale Bonn – dans le camp des démocraties et aura contribué avec succès à la relever de ses ruines. L'Europe unie, la coopération avec la France et le bouclier américain sont les trois piliers sur lesquels il fonde la politique étrangère de son pays. En mars 1950, il propose une union politique entre la France et l'Allemagne, dotée d'un seul Parlement. Ce projet, hasardeux pour l'époque, ne pouvait aboutir, mais le cap est fixé. Adenauer adhère avec enthousiasme au «plan Schuman» de mai 1950 visant à mettre en commun le charbon et l'acier de pays naguère ennemis. Il salue, avec le même empressement, le projet d'armée commune européenne et en voudra longtemps à de Gaulle de s'y être opposé. Leurs rapports passent au beau fixe quand celui-ci, revenu au pouvoir en 1958, lui tend la main. Le traité de l'Elysée, qu'ils signent en janvier 1963, marque la naissance du couple franco-allemand. Mais il est en partie vidé de son contenu par le Parlement de Bonn. Sans remettre en cause l'amitié franco-allemande, les opposants d'Adenauer lui reprochent d'avoir conclu une alliance avec Paris dans le dos de Londres et surtout de Washington.

CHURCHILL ET DE GAULLE OU L'INGRATITUDE DES PEUPLES

Au lendemain de la seconde guerre mondiale, Winston Churchill et Charles de Gaulle se sont heurtés à la même incompréhension. Le premier ministre conservateur et le président du gouvernement provisoire avaient beau avoir incarné pendant cinq ans la résistance au Reich, leurs concitoyens leur ont tourné le dos.

Le 26 juillet 1945, Churchill est sèchement battu par les travaillistes aux élections législatives. Il paie une campagne maladroite, décalée. Aux Britanniques épuisés, il a donné le sentiment de ne s'intéresser qu'aux questions internationales. Le général de Gaulle, lui, a dû batailler contre les députés nouvellement élus, déterminés à le priver de la réalité du pouvoir. Le 20 janvier 1946, amer, il a donné sa démission.

Pour Churchill et de Gaulle, la rédaction de leurs Mémoires de guerre, à laquelle ils se consacrent après cet échec, est un antidote à l'ingratitude des peuples. Le premier tome de *The Second World War* paraît en 1948, *L'Appel* en 1954. Leur succès, retentissant, les console de la rebuffade qu'ils ont subie.

Churchill revient aux affaires en 1951, de Gaulle en 1958. Mais leur traversée du désert les a privés d'une part d'eux-mêmes. Ils s'accrochent au pouvoir. Dépassés par leur époque, ils ne mesurent pas, à l'approche de leurs 80 ans et 70 ans respectifs, que celle-ci leur tourne le dos. Diminué physiquement, Churchill renonce, en 1955, à son poste de premier ministre. Fragilisé par la révolte estudiantine et sociale de 1968, de Gaulle joue son va-tout l'année suivante sur un référendum en forme de plébiscite, le perd et s'en va.

Bertrand Le Gendre

COVOITURAGE – Winston Churchill et le général Charles de Gaulle remontent les Champs-Elysées lors de la cérémonie du 11 novembre 1944 à Paris.

IL N'Y A PAS DE PAIX SANS PROSPÉRITÉ MONDIALE

Alors que la fin de la guerre approche, les Alliés signent
en 1944 les accords de Bretton Woods, clé de voûte
d'un modèle de développement et de croissance
pour reconstruire le monde économique et social.
Il s'agit d'éviter les erreurs du passé qui ont débouché
sur la seconde guerre mondiale.

PAR ANTOINE REVERCHON

Le 22 juillet 1944, les délégations de 44 pays réunis pour la conférence monétaire et financière des Nations unies à l'hôtel Mount Washington de Bretton Woods (New Hampshire) apposent leur signature sur trois documents : le premier va donner naissance au Fonds monétaire international (FMI), le deuxième à la Banque internationale pour la reconstruction et le développement (BIRD), plus connue sous le nom de Banque mondiale, le troisième, l'Acte final, appelle les participants à créer sur le même modèle une organisation chargée du commerce international, des marchés de matières premières, du plein-emploi et de la hausse du niveau de vie de la population mondiale : ce sera l'objet de la conférence de La Havane (21 novembre 1947-24 mars 1948).

Depuis le 1er juillet 1944, 730 délégués ont discuté et âprement négocié la création d'un nouvel ordre économique mondial, dont l'objectif est d'éviter à tout jamais le retour des maux qui, dans l'esprit de tous les participants, ont provoqué la montée du fascisme et la seconde guerre mondiale : les crises financières et monétaires, les guerres commerciales, le chômage... Désormais, la valeur des monnaies et leurs taux de change ne seront plus livrés aux seuls mécanismes des marchés, mais feront l'objet d'accords entre Etats au sein d'une institution internationale, le FMI ; en outre, les Etats qui rencontreront des difficultés financières pour honorer leurs dettes ou investir pour se développer pourront bénéficier de la solidarité financière internationale par le biais des prêts et garanties octroyés par la BIRD.

Alors que l'historiographie a présenté les accords de Bretton Woods, inspirés par l'Américain Harry Dexter White, secrétaire adjoint au Trésor américain, et le fameux économiste John Maynard Keynes, qui dirige la délégation britannique, comme l'affirmation d'un ordre capitaliste anglo-saxon, la publication, en 2012, des comptes rendus de ces trois semaines de négociations montre que de nombreux points doivent beaucoup aux délégations venues des cinq continents. Par exemple, la Chine a envoyé 33 délégués, le Brésil 13 – les délégations britannique et américaine en comptent respectivement 15 et 45.

LA SÉCURITÉ SOCIALE POUR UNE SÉCURITÉ GLOBALE

Les délégués soviétiques participent activement – la guerre froide n'a pas encore éclaté –, tout comme les Français, menés par Pierre Mendès France. Latino-Américains et Asiatiques obtiennent que le développement des pays les moins riches figure dans les objectifs du système, au même titre que la reconstruction des pays détruits. Les Européens conservent le droit de mener des politiques protectionnistes – au moins le temps de leur reconstruction. Chine, France et URSS imposent d'avoir un poids plus important dans la gouvernance du FMI. Chacun des articles des trois textes est voté à la majorité simple des délégations.

Certes, Bretton Woods entérine la position dominante des Etats-Unis sur tous les marchés mondiaux face à une Europe et une Asie en ruine, mais les Américains partagent avec les participants une même vision : ne pas reproduire les erreurs de politique économique qui, après la première guerre mondiale, ont débouché sur l'hyperinflation des années 1920, le krach financier de 1929, l'explosion du chômage et le repli protectionniste des années 1930. L'objectif est d'abord politique : c'est sur le terreau du chômage,

de la pauvreté, des inégalités que prospèrent les idéologies autoritaires, racistes, nationalistes qui attisent les haines et qui conduisent à la guerre. Pour les hommes de l'administration Roosevelt, qui ont sauvé leur pays de la Grande Dépression en appliquant le New Deal, la sécurité des nations passe par la sécurité des individus, c'est-à-dire la satisfaction de leurs besoins fondamentaux, et donc le maintien de leur revenu quels que soient les aléas de l'existence – maladie, vieillesse, chômage. Autrement dit, la sécurité des nations passe par la sécurité sociale.

TOUT COMMENCE EN 1941

A cet effet, tout comme la puissance publique doit, à l'échelle nationale, empêcher le libre jeu des marchés de déclencher les crises économiques, les institutions créées par les Nations unies doivent empêcher les Etats de laisser libre cours à leurs rivalités politiques et économiques, et venir en aide aux moins développés ou en proie à des difficultés financières pour qu'ils ne menacent pas la stabilité des autres. Comme le déclare le secrétaire au Trésor américain Henry Morgenthau lors de la conférence d'ouverture de Bretton Woods : *« La prospérité, comme la paix, est indivisible. Nous ne pouvons accepter qu'elle soit dispersée ici ou là parmi les plus riches ou qu'elle bénéficie aux uns aux dépens des autres. La pauvreté, où qu'elle soit, est une menace pour nous tous et détruit le bien-être de chacun d'entre nous. »*

QUELS QUE SOIENT LEURS INTÉRÊTS DIVERGENTS, LES ÉTATS DOIVENT S'ORGANISER POUR QUE L'ÉCONOMIE MONDIALE NE SOIT PAS CONTAMINÉE PAR LES DIFFICULTÉS DE L'UN D'EUX.

Les accords signés en juillet 1944 sont issus de projets, de négociations et de décisions bien antérieurs, mais qui tous suivent ces mêmes principes de coopération et de solidarité. Ils sont déjà présents dans la Charte de l'Atlantique du 14 août 1941 que Roosevelt impose à un Churchill d'abord réticent, lors de leur rencontre à bord du cuirassé britannique *Prince-of-Wales*, ancré au large de Terre-Neuve, en échange d'un ravitaillement sans limites des îles britanniques assiégées par les nazis. Les deux

BANQUE MONDIALE – Septembre 1947, à Londres, deuxième réunion de la BIRD.

leaders *« désirent faire en sorte que se réalise, dans le domaine économique, la plus entière collaboration entre toutes les nations, afin d'assurer à toutes de meilleures conditions de travail, le progrès économique et la sécurité sociale ».* Aucun homme ne doit être privé de revenu, grâce à la solidarité de tous les autres : ce sera l'Etat-providence. Quels que soient leurs intérêts divergents, les Etats doivent s'organiser pour que l'économie mondiale ne soit pas contaminée par les difficultés de l'un d'eux : ce sera le système monétaire et financier international. Enfin, la charte prévoit *« l'institution d'un système permanent de sécurité générale »* interdisant l'usage de la violence armée pour régler les conflits entre Etats : ce sera l'ONU et son Conseil de sécurité.

La déclaration des Nations unies, qui fixe, par la bouche de Roosevelt, les buts de guerre des Alliés en janvier 1942, un mois après l'attaque des Japonais contre la base navale de Pearl Harbor, en reprend les termes. Le projet de *« fonds d'intervention financière »* proposé par Dexter White début 1942, celui d'Union des paiements internationale présenté par Keynes au printemps 1943, tout comme les projets émis au fil de l'année 1943 par les gouvernements chinois, français, australien, néerlandais, norvégien, indien, convergent tous vers l'idée de la création d'institutions internationales dotées du pouvoir de réguler les relations économiques et financières entre les Etats afin d'éviter conflits et tensions.

RÉGULER LES MARCHÉS

Ces projets feront l'objet de discussions, à l'été 1943, à Washington, entre les ministres des finances de 18 pays, suivies de rencontres régulières entre experts à partir de l'hiver 1943-1944. L'accès à la nourriture étant considéré comme le principal besoin de base des populations – et le principal problème qui sera à régler dans les territoires libérés –, une conférence tenue à Hot Springs (Virginie) en mai-juin 1943 décide de la création d'une première institution des Nations unies spécifique : l'Organisation pour l'alimentation et l'agriculture. Atlantic City (New Jersey) accueille, mi-juin 1944, une réunion entre experts où sont présentés les projets de FMI et de BIRD qui seront négociés à Bretton Woods. Côté américain, les mécanismes de ces deux institutions sont directement inspirés des accords d'investissements et de coopération financière passés entre Washington et plusieurs Etats d'Amérique du Sud depuis la fin des années 1930 sous la houlette de... Dexter White, dont l'objectif était d'éviter que les dérives autoritaires et nationalistes de certains gouvernements sud-américains ne les conduisent à s'allier avec les régimes fascistes européens.

Paradoxalement, alors que le FMI et la Banque mondiale sont aujourd'hui considérés comme les symboles de l'ultralibéralisme et de la mainmise américaine sur l'économie mondiale, leur création et leur raison d'être tirent leurs racines des principes défendus par les milieux progressistes et sociaux-démocrates des années 1930 : l'économie ne saurait être livrée au laisser-faire des marchés, l'intervention et la coopération des Etats sont indispensables à la satisfaction des besoins élémentaires et à l'élévation du bien-être des peuples. Des objectifs que les gouvernements démocratiques actuels, submergés par les menaces populistes et par les défis des nouvelles autocraties impériales, semblent avoir oubliés. ●

LES OUTILS DU **NOUVEL ORDRE ÉCONOMIQUE ET SOCIAL**

Le 22 juillet 1944, les délégations de 44 pays se réunissent à Bretton Woods afin de coordonner la reconstruction après la seconde guerre mondiale. Les institutions dont elles ont bâti les fondations s'inscrivent alors au cœur de l'ordre monétaire et financier international.

Bretton Woods
(New Hampshire, E-U)

Copenhague
(DANEMARK)

Québec
(CANADA)

Rome
(ITALIE)
Siège de la FAO
depuis 1951

Hot Springs
(Virginie, E-U)

Washington
(ÉTATS-UNIS)
Siège du FMI
et de la Banque
mondiale
*Siège de la FAO
entre 1945 et 1951*

Savannah
(Géorgie, E-U)

La Havane
(CUBA)

*Conférence sur l'emploi
et le commerce (1947-1948)
Création mort-née
de l'Organisation internationale
du commerce, car Washington
ne ratifie pas l'accord*

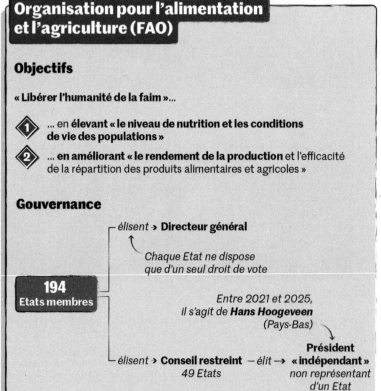

Organisation pour l'alimentation et l'agriculture (FAO)

Objectifs

« Libérer l'humanité de la faim »...

1. ... en élevant « le niveau de nutrition et les conditions de vie des populations »

2. ... en améliorant « le rendement de la production » et l'efficacité de la répartition des produits alimentaires et agricoles »

Gouvernance

194 Etats membres

— élisent → **Directeur général**

Chaque Etat ne dispose que d'un seul droit de vote

*Entre 2021 et 2025, il s'agit de **Hans Hoogeveen** (Pays-Bas)*

— élisent → **Conseil restreint** — élit → **Président « indépendant »**
49 Etats — *non représentant d'un Etat*

---

18 mai-3 juin 1943
Conférence des Nations unies sur l'alimentation et l'agriculture à **Hot Springs** *(Virginie, Etats-Unis)* qui débouche sur la décision de créer la FAO, signée par 44 pays.

8 mai 1945
Capitulation de l'Allemagne nazie. Fin de la seconde guerre mondiale en Europe.

16 octobre 1945
Création officielle de la FAO à la première session de l'ONU à **Québec** (Canada). Le nutritionniste américain John Boyd Orr est élu directeur général.

27 décembre 1945
29 pays ratifient les accords de **Bretton Woods.**

Septembre 1946
Conférence de la FAO à **Copenhague** *(Danemark)* lors de laquelle est proposée la création d'un Bureau mondial de l'alimentation, chargé du rôle de financement, de régulation, de coopération et d'arbitrage pour l'agriculture et l'alimentation. Ce sera finalement la Banque mondiale qui assurera le volet financier. L'agriculture ne sera intégrée aux négociations commerciales internationales qu'avec la création de l'Organisation mondiale du commerce en 1995.

1940

1950

22 juillet 1944
Signature d'un accord sur la création du Fonds monétaire international (FMI) et de la Banque internationale pour la reconstruction et le développement (BIRD) à **Bretton Woods** *(New Hampshire, Etats-Unis).*

8 mars 1946
Inauguration du FMI et de la BIRD à **Savannah** *(Géorgie, Etats-Unis).*

6 mai 1946
Première réunion du conseil des directeurs du FMI à **Washington**, élection du premier directeur général, le Belge Camille Gutt.

20-27 mai 1946
Conférence de la FAO à **Washington** *(Etats-Unis)*, où les résultats de la première enquête internationale sur l'alimentation montrent l'urgence d'une aide alimentaire au-delà des pays ravagés par la guerre. Un Conseil international de l'urgence alimentaire est créé.

1956
Création de la Société financière internationale, chargée de la gestion des prêts de la BIRD.

Fonds monétaire international (FMI)

Objectifs

 1 **Promouvoir la coopération monétaire internationale**

 2 **Faciliter l'expansion d'un commerce international équilibré,** contribuer à un haut niveau d'emploi et de revenus et au développement des ressources productives de tous les Etats membres

 3 **Maintenir la stabilité des échanges** et **des changes, éviter les dévaluations**

 4 **Etablir un système de paiement international** et combattre les restrictions aux échanges commerciaux et monétaires

 5 **Venir en aide par des prêts aux pays dont la balance des paiements est déficitaire**

 6 **Restreindre la durée et la gravité des déséquilibres** des balances de paiements internationaux

Gouvernance

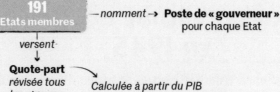

191 Etats membres — *nomment* → **Poste de « gouverneur »** pour chaque Etat

versent

Quote-part *révisée tous les cinq ans*

Calculée à partir du PIB de chaque pays, de ses réserves en or et en devises, de sa part dans les échanges mondiaux...

forment

La capacité de prêts du FMI :

1944 | 7 milliards de dollars
2023 | 932 milliards de dollars

Part des droits de vote, en %

- Etats-Unis
- Royaume-Uni
- France
- Chine
- URSS
- Allemagne
- Italie
- Japon

1946
31,4 — 12,9 — 12,5 — 4,7 — 3,7

Autres pays

2025
16,5 — 6,1 — 6,1 — 5,3 — 4 — 4 — 3

Le **bureau exécutif** est composé de directeurs exécutifs désignés par...

- ... les premiers contributeurs du FMI
- ... les Républiques d'Amérique latine
- ... les autres Etats membres

1946
 5 — 2 — 5 — **12**

depuis 2012
24

250 votes

➕ **1 vote** *par tranche de 100 000 dollars de sa quote-part*

➕ **1 vote** *par tranche de 400 000 dollars d'encours de prêts au FMI*

➖ **1 vote** *par tranche de 400 000 dollars d'encours d'emprunts au FMI*

═ Total des votes d'un pays

Le quorum est atteint si les pays représentant **deux tiers des votes,** mais aussi **la moitié des pays membres,** sont réunis.

Banque mondiale (BM)

Objectifs

 1 **Financer la reconstruction des économies** des pays membres détruits ou atteints par la guerre, et **le développement des pays membres moins développés**

2 **Faciliter l'octroi de financements privés** (garanties, participations) et se substituer aux prêteurs privés défaillants par de meilleures conditions

3 **Favoriser la croissance équilibrée du commerce international, l'équilibre des balances de paiement,** la productivité, le niveau de vie et les conditions de travail

 4 **Garantir les mêmes conditions de prêts aux projets utiles et urgents,** petits ou grands

Gouvernance

Capital apporté par chaque souscripteur, en millions de dollars

- Etats-Unis
- Royaume-Uni
- URSS
- France
- Chine
- Canada
- Inde

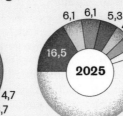

Capital initial : 10 milliards de dollars

3 175 — 1 300 — 1 200 — 600 — 450 — 400 — 325

Autres pays

En 2024, la BM a accordé à ses pays membres 117,5 milliards de dollars en prêts, subventions, investissements et garanties d'emprunts.

Le **bureau exécutif** est composé de douze directeurs exécutifs désignés par...

- ... les premiers contributeurs de la BM
- ... les autres Etats membres

5 — 7 — **12**

250 votes

➕ **1 vote** *par part détenue dans le capital de la BM*

═ Total des votes d'un pays

1960 — 1970

1961
Création par les Nations unies et la FAO du Programme alimentaire mondial et à qui seront confiées les actions alimentaires d'urgence assurées auparavant par la FAO.

1960
Création de l'Association internationale de développement, chargée des prêts de la BIRD aux pays les plus pauvres.

1966
Création par la Banque mondiale du Centre international pour le règlement des différends relatifs aux investissements.

1988
Création de l'Agence multilatérale de garantie des investissements, chargée de gérer les garanties d'emprunts offertes par la BIRD.

Infographie *Le Monde*

Sources : FMI ; Banque mondiale ; Organisation pour l'alimentation et l'agriculture

LA GUERRE FROIDE COMMENCE EN 1945

Pour l'historien Pierre Grosser, la réorganisation du monde dès la fin de la guerre débouche sur une inévitable opposition à court terme entre les deux principaux vainqueurs, les Etats-Unis et l'URSS. Le nouveau monde devient bipolaire.

PAR PIERRE GROSSER

Le 19 octobre 1945, l'écrivain George Orwell publie «You and the Atomic Bomb» («Vous et la bombe atomique») dans le journal britannique *Tribune*. Il dessine un avenir de *«guerre froide»*, avec *«deux ou trois super-Etats monstrueux, dotés chacun d'une arme permettant d'éliminer des millions de personnes en quelques secondes, se partageant le monde»*. Pour lui, cette situation pourrait *«mettre fin aux guerres à grande échelle au prix de la prolongation indéfinie d'une "paix qui n'est pas une paix"»*. Il ne décrit donc pas une rivalité idéologique entre deux camps, qui est depuis lors considérée comme une composante majeure de la guerre froide, voire sa cause première depuis la révolution bolchevique de 1917. Cette dimension existe certes dès 1945, puisque Staline est persuadé qu'à terme le communisme l'emportera, grâce à la mission révolutionnaire soviétique, et que les pays capitalistes-impérialistes feront tout pour empêcher cette victoire, tout en étant rivaux entre eux, notamment les Etats-Unis et le Royaume-Uni.

Ces deux puissances constatent que l'Armée rouge impose brutalement ses pratiques bolcheviques dans les territoires qu'elle occupe. Dès le 12 mai 1945, Churchill envoie un télégramme au président Truman pour lui faire part de sa *«profonde anxiété»*, à cause des comportements soviétiques et du poids militaire de l'URSS en Europe. Bien avant son célèbre discours de Fulton, le 5 mars 1946, il écrit qu'*«un rideau de fer est descendu sur le front soviétique. Nous ne savons pas ce qui se passe derrière»*. Les actions soviétiques sont progressivement assimilées à un nouveau fascisme, «rouge» désormais, avec une volonté de dominer l'Eurasie, tandis que les Soviétiques jugent qu'il

n'y a guère de différences entre les impérialistes, qu'ils soient fascistes ou prétendument démocratiques.

LES CONCESSIONS DE STALINE

Néanmoins, en 1945, Staline joue avant tout un jeu de grande puissance. Il veut des sphères d'influence exclusives, au nom de la sécurité, sur toutes les périphéries eurasiatiques de l'URSS. Il pense que Yalta les lui a données : pour lui, la reconnaissance par les autres grands de ces acquis est essentielle. L'avenir est un monde où l'URSS est reconnue comme une grande puissance, à égalité avec les Etats-Unis. Avec le droit de veto au Conseil de sécurité de l'ONU, dont la charte entre en vigueur le 24 octobre 1945, il verrouille ce statut : il n'est pas question que son pays soit exclu, comme il l'a été de la Société des nations, en décembre 1939, après son agression contre la Finlande. Staline espère que les grands pourront encore collaborer, d'autant qu'il voudrait une aide économique massive de la part des Etats-Unis. Ce qui n'empêche pas l'URSS de piller les territoires qu'elle occupe.

Staline se voit maître des affaires européennes, puisqu'il mise sur un retrait rapide des troupes américaines d'un continent sans puissances rivales, la France ayant été humiliée en 1940 et l'Allemagne étant démilitarisée et occupée conjointement par les grandes puissances. Il n'a pas de grand plan pour soviétiser l'Europe orientale, et tempère les élans révolutionnaires en Europe de l'Ouest et en Chine. Il tarde à aider les communistes grecs dans leur guerre civile, la Grèce ayant été laissée aux Britanniques lors du «partage» de l'Europe du Sud-Est avec Churchill, en octobre 1944.

Staline est relativement flexible : il abandonne sans contrepartie du Danemark l'île de Bornholm, accepte

l'indépendance de la Finlande, évacue l'Armée rouge de Tchécoslovaquie à la fin de l'année 1945, signe un traité avec les nationalistes chinois, et arrête ses troupes au 38e parallèle en Corée, ligne tracée par les Américains le 12 août 1945, alors même qu'il aurait pu occuper tout le pays. En même temps, s'il considère que ce qui est aux Soviétiques doit le rester, il tente d'acquérir davantage, en proposant, le 17 août, aux Etats-Unis une occupation conjointe du Japon (puis en prétendant débarquer à Hokkaido), en faisant pression sur la Turquie pour installer des bases près des détroits et récupérer des territoires en Anatolie orientale, en refusant d'évacuer le nord de l'Iran, ou en essayant de mettre un pied en Méditerranée, notamment en Libye, qui était une colonie italienne.

LE GROENLAND N'EST PAS À VENDRE

Les Américains ont la volonté de créer un ordre global, ouvert au commerce, avec un capitalisme modernisé sur le modèle du New Deal, et pacifique en éradiquant les régimes fauteurs de guerre en Allemagne et au Japon. Toutefois, la paix onusienne pour Roosevelt n'est pas fondée principalement sur le droit, mais sur la coopération des «quatre gendarmes» (Etats-Unis, URSS, Royaume-Uni et Chine, à laquelle la France est ajoutée) pour empêcher de nouvelles agressions. Pour cela, Roosevelt accepte que l'URSS annexe des territoires et les transforme en bases pour surveiller l'Allemagne (Kaliningrad) et le Japon (les îles Kouriles).

DÈS LE 12 MAI 1945, CHURCHILL ENVOIE UN TÉLÉGRAMME AU PRÉSIDENT TRUMAN POUR LUI FAIRE PART DE SA *«PROFONDE ANXIÉTÉ»*, À CAUSE DES COMPORTEMENTS SOVIÉTIQUES ET DU POIDS MILITAIRE DE L'URSS EN EUROPE.

Les Etats-Unis sont obsédés aussi par les bases, qu'ils érigent durablement dans le Pacifique. Mais ils ne parviennent pas à acheter le Groenland ni à obtenir des avantages durables en Islande, dont le premier ministre juge que les demandes américaines *«auraient pu être écrites à Moscou»*. De 132 millions d'habitants, les occupa-

PIERRE GROSSER
Agrégé et docteur en histoire, membre du Centre d'histoire de Sciences Po Paris, où il enseigne depuis 1989, il a publié plusieurs ouvrages sur l'histoire des relations internationales, notamment en Asie. Il a dirigé *Histoire mondiale des relations internationales. De 1900 à nos jours* (Bouquins, 2023).

tions conduisent les Etats-Unis à compter, à la fin de 1945, 135 millions de personnes sous leur juridiction. Toutefois, si les bases et l'influence demeurent, les Philippines deviennent indépendantes en 1946, les troupes américaines quittent la Corée en 1948, et le Japon retrouve sa souveraineté en 1952.

La guerre froide émerge en 1945 à cause des frictions dans ce jeu de puissances. Américains et Britanniques s'alarment de la volonté soviétique d'imposer son joug en Europe de l'Est, en Roumanie, avec le coup d'Etat à la fin du mois de février 1945, ou en Pologne, où Staline n'accepte qu'un élargissement de façade du gouvernement entré dans les fourgons de l'Armée rouge. Avant son décès le 12 avril 1945, Roosevelt fait part de ses préoccupations. Toutefois, dans les livres d'histoire soviétiques et désormais russes, c'est cette date qui marque le début de la guerre froide. Un président coopératif aurait été remplacé par son vice-président brutal et inexpérimenté, Truman, vite poussé à la confrontation par son entourage antisoviétique. Celui-ci prétend avoir remonté les bretelles du ministre des affaires étrangères Molotov dès leur première rencontre, le 23 avril, en lui disant : *« Respectez vos engagements et on ne vous parlera pas de cette manière. »* L'anecdote est vraisemblablement exagérée. Au contraire, les *« cold warriors »* américains jugent que Truman a continué trop longtemps la politique d'apaisement des ambitions de Moscou, notamment en envoyant l'ami de Roosevelt, Harry Hopkins, rassurer Staline.

CHURCHILL ET LE RIDEAU DE FER

Le premier essai atomique de l'histoire, qui a lieu le 16 juillet, au tout début de la conférence de Potsdam, donne-t-il des ailes au nouveau président américain ? Les bombardements atomiques des 6 et 9 août sur le Japon n'ont pas pour objectif majeur de faire pression sur l'URSS pour les négociations ultérieures. En revanche, Staline, persuadé que l'offensive de l'Armée rouge contre l'empire continental du Japon à partir du 9 août est la cause principale de la capitulation du Japon, vit mal le monopole nucléaire des Etats-Unis et leur prépondérance dans l'occupation de l'Archipel. Parce qu'il juge que l'usage des bombardements atomiques est un signal que les Etats-Unis lui envoient, il devient plus intransigeant dans les

négociations européennes pour ne pas paraître faible. Dans ses télégrammes à l'automne, il s'emporte contre Molotov, qui négocie avec les autres ministres des affaires étrangères, car il le trouve insuffisamment ferme, et parce qu'il n'obtient pas des autres Alliés les concessions qu'il exige.

Il suspecte les Occidentaux de vouloir revenir sur ses acquis de l'« ordre de Yalta ». Toujours aussi paranoïaque, il interprète les difficultés soviétiques à s'imposer dans des territoires occupés comme le résultat de complots impérialistes. En Estonie, par exemple, il assigne, le 25 décembre, à tous les membres du parti la priorité de lutter contre les manœuvres souterraines des *« bourgeois-nationalistes »* et de leurs *« bandits »*. Plus largement, il renferme et purge son empire contre toutes influences étrangères et *« cosmopolites »*.

Si la coopération se poursuit, par exemple à l'ouverture du procès de Nuremberg à la fin de l'année 1945, ces crispations staliniennes attisent, au début de 1946, les inquiétudes occidentales, ce que montrent le long télégramme du diplomate en poste à Moscou George F. Kennan du 22 février 1946 et le discours de Fulton (Missouri) le 5 mars, prononcé par Churchill et resté célèbre par la dénonciation du *« rideau de fer »*. Les négociations se durcissent sur la question atomique, et sur l'avenir de l'Allemagne et de la Corée.

En 1947, la guerre froide est désormais une évidence, avec une dimension idéologique bien plus affirmée. Elle se militarise après l'essai atomique soviétique (29 août 1949), la victoire de Mao en Chine (1er octobre 1949) et l'attaque de la Corée du Sud par la Corée du Nord en juin 1950. ●

TÉLÉPHONE ROUGE – Les acteurs Peter Bull et Peter Sellers dans *Docteur Folamour*, de Stanley Kubrick (1964).

À NUREMBERG NAÎT LE CRIME D'AGRESSION

Si les dignitaires nazis furent reconnus coupables de « crimes contre l'humanité » et de « crimes de guerre », le procès de Nuremberg (20 novembre 1945-1er octobre 1946) avait aussi l'ambition de dissuader de futurs chefs d'Etat de provoquer des guerres.

PAR JÉRÔME GAUTHERET ET THOMAS WIEDER
PUBLIÉ DANS *LE MONDE* DU 4 AOÛT 2023

Evoquer le mur de Berlin devant le Bundestag allemand, les ruines de Verdun devant l'Assemblée nationale française, Winston Churchill devant la Chambre des communes britannique, Pearl Harbor et le 11-Septembre devant le Congrès américain... Pour sensibiliser l'opinion publique internationale au sort de l'Ukraine, Volodymyr Zelensky dresse volontiers des parallèles historiques, en choisissant des références qui parlent à son auditoire du moment.

> LES BRITANNIQUES NE SONT GUÈRE FAVORABLES À UN PROCÈS, ESTIMANT QUE LES HAUTS DIGNITAIRES NAZIS MÉRITENT DAVANTAGE D'ÊTRE EXÉCUTÉS SOMMAIREMENT QUE D'ÊTRE DÉFÉRÉS DEVANT DES JUGES.

En visite à la Cour pénale internationale de La Haye (Pays-Bas), le 4 mai 2023, le président ukrainien ne déroge pas à la règle. Ce jour-là, c'est le tribunal militaire international de Nuremberg, devant lequel comparurent 21 dignitaires nazis du 18 octobre 1945 (inculpation des accusés) au 1er octobre 1946, qu'il choisit d'évoquer pour réclamer la création d'un « *tribunal spécial* » chargé de juger le « *crime d'agression* » commis contre son pays par la Russie de Vladimir Poutine.

Une idée également promue par de grands juristes, comme l'avocat franco-britannique spécialisé dans la défense des droits de l'homme Philippe Sands, dont le livre *Retour à Lemberg* (Albin Michel, 2017) est en partie consacré au procès de Nuremberg.

Pourquoi le « *crime d'agression* » ? Parce que c'est celui qui « *conduit à tous les autres* », le « *point de départ du mal, le crime premier* », explique ce jour-là Volodymyr Zelensky, avant de citer ce passage du jugement prononcé à Nuremberg : « *Déclencher une guerre d'agression n'est pas seulement un crime d'ordre international, c'est le crime international suprême, ne différant des autres crimes de guerre que du fait qu'il les contient tous.* » En décidant de poursuivre les dirigeants russes pour « crime d'agression », insiste M. Zelensky, la communauté internationale ne ferait pas seulement œuvre de justice envers l'Ukraine, mais aussi œuvre de paix pour le monde. « *C'est notre responsabilité historique – celle des générations modernes – de rendre inévitable la punition totale de l'agression, d'empêcher que nos pays soient agressés et de prévenir de nouvelles guerres*, affirme-t-il. *Il y a des agresseurs potentiels dans le monde. Et le monde doit rechercher la justice pour que la paix soit pleinement garantie.* »

En brandissant cet argument à La Haye, le président ukrainien n'invente rien. En réalité, ses mots sont quasiment les mêmes que ceux qui furent prononcés au deuxième jour du procès de Nuremberg par le procureur général américain, Robert Jackson, pendant la lecture de l'acte d'accusation : « *L'ultime ressource pour éviter le retour périodique de guerres inévitables dans un système international qui ne reconnaît pas l'autorité de la loi est d'en rendre responsables les hommes d'Etat. Et laissez-moi préciser que, bien qu'elle soit dirigée pour la première fois contre des agresseurs allemands, cette loi doit viser et, si l'on veut l'appliquer utilement, sanctionner l'agression commise par n'importe quelles autres nations, y compris celles dont les représentants composent le présent tribunal* [Etats-Unis, Royaume-Uni, France, URSS]. *Nous ne pourrons nous défaire de la tyrannie, de la violence et de l'action de ceux qui sont au pouvoir contre les droits de leur propre peuple que lorsque nous rendrons tous les hommes responsables devant la loi. Ce procès représente l'effort désespéré de l'humanité pour appliquer la discipline du droit aux hommes d'Etat qui ont usé de leurs pouvoirs politiques pour attaquer les fondements de la paix mondiale et pour violer les droits de leurs voisins.* »

Les décennies passant, cette dimension du procès de Nuremberg a été reléguée au second plan dans la mémoire collective. De Hermann Göring, de Joachim von Ribbentrop ou d'Alfred Rosenberg, pour ne citer qu'eux, on retient avant tout qu'ils furent reconnus coupables de « crimes contre l'humanité » et de « crimes de guerre », mais on se rappelle moins qu'ils furent également condamnés pour complot et « crimes contre la paix ». « *La focalisation récente sur le crime contre l'humanité a fait oublier que les premiers crimes énumérés par le statut* [du tribunal militaire international de Nuremberg] *sont les crimes contre la paix, c'est-à-dire ce que souhaitait l'accusation américaine* », rappelle l'historienne Annette Wieviorka, dans son ouvrage de référence, *Le Procès de Nuremberg* (Ouest-France/Mémorial pour la paix, 1995).

UN TRIBUNAL INTERNATIONAL

Pour comprendre comment le crime contre la paix a été intégré aux chefs d'accusation, il faut rappeler le cheminement qui a conduit à ce procès inédit, qui fut une étape décisive dans l'histoire de la justice pénale internationale. La première pierre est posée le 13 janvier 1942. Ce jour-là, les représentants de huit gouvernements en exil (belges, grecs, luxembourgeois, néerlandais, norvégiens, polonais, tchécoslovaques et yougoslaves), ainsi que du Comité national français du général de Gaulle, tiennent au palais Saint-James, à Londres, une « *conférence interalliée pour la punition des crimes de guerre* ». Dénonçant « *le régime de terreur des forces d'occupation, coupables d'emprisonnements, d'expulsions massives, de massacres et d'exécutions d'otages* », autant d'atrocités qui violent « *les lois et les coutumes de la guerre* », ils formulent cette revendication : que soient « *punis par la justice officielle tous ceux qui se sont rendus coupables de crimes, qu'ils les aient ordonnés, perpétrés ou qu'ils y aient participé* ».

LA GUERRE AU TRIBUNAL – Le procès de 21 dignitaires nazis s'ouvre le 20 novembre 1945, dans la salle 600 du palais de justice de Nuremberg.

L'idée de poursuivre les criminels de guerre n'est pas nouvelle. Elle figurait déjà dans le traité de Versailles, signé en juin 1919, dont l'article 227 prévoyait la constitution d'un *« tribunal spécial »* composé de cinq juges nommés par les Etats-Unis, la Grande-Bretagne, la France, l'Italie et le Japon, afin de juger *« Guillaume II de Hohenzollern, ex-empereur d'Allemagne, pour offense suprême contre la morale internationale et l'autorité sacrée des traités »*. Mais cette ambition resta lettre morte, les Pays-Bas, où s'était réfugié Guillaume II après son abdication, en novembre 1918, ayant refusé de l'extrader…

Dans son article 228, le traité de Versailles prévoyait aussi que le gouvernement allemand coopère avec ceux des pays vainqueurs pour traduire en justice *« les personnes accusées d'avoir commis des actes contraires aux lois et coutumes de la guerre »*. Si plusieurs procès eurent bien lieu devant la Haute Cour du Reich à Leipzig, en 1921, la légèreté des peines prononcées laissa le souvenir d'un fiasco judiciaire. La leçon fut retenue : pour que les lendemains de la seconde guerre mondiale ne ressemblent pas à ceux de la première, les criminels de guerre, cette fois, seraient jugés par un tribunal international.

FAIRE DES ALLEMANDS UN PEUPLE AGRICOLE DE PETITS PAYSANS

Si la conférence du palais Saint-James constitue un moment fondateur, elle n'engage toutefois que les huit gouvernements en exil qui y participent, mais pas ceux des trois grandes puissances en guerre contre l'Allemagne que sont les Etats-Unis, le Royaume-Uni et l'URSS. Ce n'est que le 1er novembre 1943, près de deux ans plus tard, que celles-ci expriment pour la première fois une position commune : les criminels de guerre seront jugés dans les pays où ils ont accompli leurs forfaits, alors que ceux qui ont sévi dans différents pays seront *« punis en vertu d'une déclaration commune des gouvernements alliés »*.

Signée par Roosevelt, Churchill et Staline, cette déclaration de Moscou n'en reste pas moins assez générale, ce qui n'est guère surprenant, compte tenu des divergences qui existent entre les Trois Grands et qui persisteront jusqu'au début de l'année 1945 : si les Soviétiques se rallient à l'idée d'un procès, les Britanniques, eux, n'y sont guère favorables, estimant que les hauts dignitaires nazis méritent davantage d'être exécutés sommairement que d'être déférés devant des juges. Quant aux Américains, ils hésitent, le sort des criminels de guerre du IIIe Reich dépendant d'une question plus générale à laquelle ils mettront du temps à répondre : quel avenir pour ➡

→ l'Allemagne, une fois que celle-ci aura été vaincue ? Dans l'entourage de Roosevelt, les avis divergent. Pour son secrétaire au Trésor, Henry Morgenthau, la seule façon de mettre l'Allemagne définitivement hors d'état de nuire est de démanteler l'ensemble de ses capacités industrielles et de faire de ses habitants *« une population agricole de petits paysans »*. Dans cette optique, la plus extrême sévérité s'impose pour les *« grands criminels »* nazis, qui devront *« être fusillés par des pelotons d'exécution constitués de soldats des nations unies »* – expression forgée lors de la conférence de Washington, en décembre 1941-janvier 1942, pour désigner les nations associées dans la lutte contre le nazisme.

NUREMBERG, VILLE DES GRANDES LITURGIES NAZIES, ALORS TOTALEMENT EN RUINE, À L'EXCEPTION DU TRIBUNAL, DE LA PRISON ET DU GRAND HOTEL, CE QUI FAISAIT PLUSIEURS BONNES RAISONS DE LA CHOISIR.

Au sein de l'administration américaine, ce projet a un adversaire farouche, en la personne du secrétaire à la défense, Henry Stimson. Selon lui, la paix et la stabilité de l'Europe supposent, au contraire, que l'Allemagne se redresse économiquement et que ses dirigeants soient jugés *« avec dignité »*. Il s'en explique, le 9 septembre 1944, dans une note adressée au président Roosevelt, explicitement intitulée : *« Memorandum Opposing the Morgenthau Plan »*. Selon Stimson, les Etats-Unis doivent juger les criminels de guerre en *« respectant les principes de base de la Déclaration des droits* [Bill of Rights] *»* de 1791, parmi lesquels *« le droit de l'accusé d'être entendu et, dans des limites raisonnables, de citer des témoins pour sa défense »*. En procédant autrement, il estime que les Etats-Unis contreviendraient à l'idée de *« civilisation »* et aux valeurs libérales et démocratiques dont ils se disent porteurs.

Afin de convaincre la Maison Blanche, Stimson s'appuie sur un réseau de professionnels du droit qui rivalisent d'inventivité pour l'aider à imaginer ce procès totalement inédit, notamment quels chefs d'accusation peuvent être retenus contre les accusés. Dans son ouvrage *Le Moment Nuremberg* (Presses de Sciences Po, 2019), l'historien Guillaume Mouralis rappelle que nombre d'entre eux étaient des avocats d'affaires qui entretenaient un rapport distant avec les carcans académiques, et dont la formation comme la pratique les prédisposaient à faire preuve de créativité juridique.

A l'instar de William Chanler. Proche des milieux démocrates réformistes, cet avocat new-yorkais connaît bien Stimson pour avoir été membre de son cabinet d'avocats dans les années 1920. Mobilisé en 1942, il rejoint le département de la défense, dirigé par son ancien confrère et ami. Ses premiers travaux, qui portent sur le sort de l'Italie après-guerre, le conduisent à élaborer le schéma d'un procès contre Mussolini pour « crimes de guerre ». En novembre 1944, il rédige une note dans laquelle il propose de placer au cœur du projet américain de jugement des hauts dignitaires nazis ce qu'il appelle le *« crime d'agression »*.

LES ÉVÉNEMENTS SE PRÉCIPITENT

Le raisonnement de Chanler se fonde en particulier sur le pacte Briand-Kellogg de 1928, ou plutôt sur les impasses de celui-ci. Nommé ainsi en référence à ses deux initiateurs, le ministre des affaires étrangères français Aristide Briand et le secrétaire d'Etat américain Frank Kellogg, ce traité, signé à l'origine par 15 Etats, dont l'Allemagne, le Japon et l'Italie, affirmait le principe d'une *« renonciation à la guerre comme instrument de politique nationale »*. Une ambition certes louable, mais qui repose sur le seul bon vouloir des signataires, dans la mesure où le texte ne prévoyait aucune sanction dans le cas où ces derniers se rendraient coupables d'une guerre d'agression... *« Chanler propose une solution simple à ce problème,* explique Guillaume Mouralis. *Si la guerre déclenchée par Hitler est illégale, les soldats allemands ne peuvent être considérés comme des belligérants au sens du* jus in bello [droit dans la guerre], *et leurs crimes relèvent du droit pénal ordinaire des pays occupés. »*

Le 3 janvier 1945, Roosevelt finit par approuver les différentes propositions du département de son secrétaire à la défense, notamment celle de Chanler. Sept mois plus tard, le 8 août, Américains, Britanniques, Français et Soviétiques signent les accords de Londres, qui comprennent les statuts du tribunal militaire international chargé de juger les grands criminels de guerre et qui définissent les crimes dont ils peuvent être inculpés.

Entre-temps, les événements se sont précipités : Truman a remplacé Roosevelt à la Maison Blanche, Hitler s'est suicidé, l'Allemagne a capitulé, l'Organisation des Nations unies a été créée et les Etats-Unis ont largué leur première bombe atomique sur Hiroshima... C'est donc dans ce monde nouveau, qui n'est déjà plus la guerre mais pas encore tout à fait l'après-guerre, que s'ouvre le procès, le 20 novembre 1945, dans la salle 600 du palais de justice de Nuremberg, ville des grandes liturgies nazies, alors totalement en ruine, à l'exception du tribunal, de la prison et du Grand Hotel, ce qui faisait plusieurs bonnes raisons de la choisir.

Des quatre chefs d'accusation retenus (complot, « crimes contre la paix », « crimes de guerre » et « crimes contre l'humanité »), ce sont surtout les deux derniers que l'histoire a retenus, et cela se comprend aisément, compte tenu des atrocités commises par les nazis, à commencer par l'extermination des juifs. Rappelons à ce propos que le terme de « génocide », forgé en 1944 par Raphael Lemkin, professeur de droit international à l'université Yale (Etats-Unis), n'a occupé qu'une place secondaire à Nuremberg, alors qu'il sera central, plus de quinze ans plus tard, lors du procès d'Adolf Eichmann. En comparaison, les crimes contre la paix, qui portent par définition sur des faits antérieurs au déclenchement de la guerre, ne pouvaient que passer au second plan. Mais une autre raison explique sans doute ce relatif oubli, et elle mérite qu'on la rappelle, tant elle est riche d'enseignements pour le présent.

UN TRAITÉ TOMBÉ EN DÉSUÉTUDE

Un livre, ici, doit être cité : *Nuremberg. 1945. La guerre en procès* (Stock, 1985), de Casamayor. De son vrai nom Serge Fuster, l'auteur faisait partie des magistrats membres de la délégation française présente à Nuremberg. Dans le premier chapitre de son ouvrage, il revient longuement sur l'interrogatoire de Hjalmar Schacht, qui fut ministre de l'économie allemand de 1934 à 1937. Afin de justifier son inculpation pour « crime contre la paix », l'accusation rappelle qu'il approuva les violations successives du traité de Versailles par le IIIe Reich, autrement dit une validation de toutes les décisions qui conduisirent à la seconde guerre mondiale.

Lors de la 178e journée du procès, le 15 juillet 1946, son avocat, Rudolf Dix, ne le conteste pas. « *La remilitarisation de la Rhénanie [1936], l'introduction du service militaire obligatoire [1935], le réarmement, le rattachement de l'Autriche à l'Allemagne [1938], tout cela contredit, dans l'esprit et dans la lettre, les pactes signés, et en particulier le traité de Versailles*, admet-il. *Mais lorsque de telles violations n'éveillent que des protestations de pure forme et qu'après cela on en reste à des rapports extrêmement amicaux, qu'on en vient même à des gestes honorifiques envers l'Etat coupable de ces violations, (...) on peut très bien penser que le traité tombe en désuétude.* »

LES JEUX OLYMPIQUES DE BERLIN EN 1936 SONT UN SUCCÈS

Après cette entrée en matière, l'avocat donne plusieurs exemples. La liste étant longue, on n'en citera que deux. Mars 1935 : le ministre des affaires étrangères britannique est reçu en grande pompe à Berlin, une semaine seulement après le rétablissement du service militaire. « *Si cette visite n'avait pas eu lieu, on aurait, à l'étranger, considéré cette mesure d'Hitler comme une agression militaire* », fait remarquer Me Dix, avant de demander : « *En tant qu'Allemand, et en tant que ministre allemand, Schacht devait-il exprimer un jugement différent de celui des gouvernements étrangers ?* » Mars 1936 : deux jours après l'occupation de la Rhénanie, le premier ministre britannique, Stanley Baldwin, déclare à la Chambre des communes que « *l'on ne peut excuser l'attitude de l'Allemagne mais [qu']il n'y a aucune raison de la considérer comme une menace hostile* ». Et l'avocat de poser de nouveau la question : « *Schacht, Allemand et ministre allemand, devait-il être plus sceptique que l'étranger sur le caractère agressif de cet acte ?* »

L'interrogatoire de l'ancien ministre de l'économie du IIIe Reich n'est pas un cas isolé. Lors du procès de Nuremberg, d'autres avocats allemands prendront soin de rappeler à quel point les démocraties occidentales réagirent timidement à chaque fois que l'Allemagne viola ses engagements, au risque de l'encourager à poursuivre dans cette voie en lui donnant un sentiment d'impunité.

Pour cela, certains viennent même les bras chargés d'ouvrages, dont ils lisent des extraits devant le tribunal.

Comme celui du philosophe allemand Karl Jaspers, publié pendant le procès et issu d'un cours donné quelques semaines plus tôt à l'université de Heidelberg (traduit en français sous le titre *La Culpabilité allemande*, Ed. de Minuit, 1948), où l'on peut lire ceci : « *En 1936, les Jeux olympiques furent célébrés à Berlin. Le monde entier s'y précipita. Avec une rage secrète et avec douleur, nous devions admettre que tout étranger qui s'y montrait nous abandonnait à notre sort, mais ils s'en rendaient aussi peu compte que beaucoup d'Allemands. En 1936, Hitler occupa la Rhénanie. La France le toléra. (...) En 1939, la Russie conclut son pacte avec Hitler. Alors seulement, au dernier moment, la guerre devint possible pour Hitler. Et quand la guerre commença, tous les Etats neutres restèrent à l'écart. Le monde ne se trouva nullement uni pour éteindre vite, d'un seul effort concerté, cette flamme satanique.* » Et Karl Jaspers d'en tirer cette réflexion : « *Lorsqu'on nous reproche [à eux, Allemands] d'avoir – sous la terreur – assisté sans rien faire à l'exécution des crimes et à l'affermissement du régime, on dit vrai. Mais nous avons le droit de nous rappeler que les autres – sans être sous la terreur – laissèrent de même passivement s'accomplir, ou même encouragèrent sans le vouloir, ce qu'ils estimaient être une affaire qui ne les concernait pas parce qu'elle se produisait dans un autre Etat.* »

LÂCHETÉS ET RENONCEMENTS

Dans son livre publié en 1985, Serge Fuster, alias Casamayor, évoque d'une plume abrasive cette accumulation de lâchetés et de renoncements qui conduisirent le monde à l'abîme en 1939. « *L'émotion que l'on éprouve à évoquer l'avant-guerre n'est pas une émotion rétrospective, celle que l'on peut ressentir au souvenir d'un danger évité, c'est au contraire l'accablement d'une paix évitée qui serre les cœurs, d'une paix qui ne demandait qu'à continuer, d'une paix qui pouvait avoir une longue vie et que personne, parmi ceux qui en avaient le pouvoir, n'osa défendre. (...) Il s'agissait simplement, comme en toutes circonstances, quand on a la charge d'une nation et même, par contrecoup, de plusieurs, de connaître la situation et d'agir en connaissance de cause et de la manière la plus utile à tous, et pour commencer aux Alliés. Mais le critère d'utilité est plus subjectif qu'on ne le croit, surtout en politique étrangère. Les ministres anglais et français, les premiers, de leur initiative, les seconds, par esprit moutonnier, cédèrent sur toute la ligne. (...) Et c'est le procès de Nuremberg qui montra le dessous des cartes* », écrit Casamayor dans le premier chapitre de son livre, intitulé « La complicité de l'Europe ou comment éclate une guerre ».

RÉSONANCES UKRAINIENNES

Lues aujourd'hui, c'est-à-dire dans le monde de l'après-24 février 2022, date du début de l'invasion de l'Ukraine par la Russie, de telles phrases font frémir. Alors qu'une nouvelle guerre ensanglante le continent européen, elle aussi déclenchée par un autocrate dont la politique expansionniste fut longtemps tolérée par les grandes démocraties, comment ne pas se demander ce qu'écrirait un futur Casamayor ?

Encore faudrait-il qu'il y ait un procès. On en est encore loin. Mais la demande formulée par Volodymyr Zelensky à La Haye permet d'imaginer ce que les avocats des accusés pourraient être tentés de plaider si ces derniers étaient accusés de « crime d'agression ». Troublante résonance avec le procès de Nuremberg, dont l'ambition – avec ce chef d'accusation – était pourtant de dissuader de futurs chefs d'Etat de provoquer des guerres pour lesquelles ils risquaient d'être jugés.

> LE TERME DE « GÉNOCIDE », FORGÉ EN 1944, N'A OCCUPÉ QU'UNE PLACE SECONDAIRE À NUREMBERG, ALORS QU'IL SERA CENTRAL, PLUS DE QUINZE ANS PLUS TARD, LORS DU PROCÈS D'ADOLF EICHMANN.

« *La guerre en Ukraine a exhumé le crime contre la paix, c'est-à-dire celui d'agression, à côté des accusations de crimes de guerre portées contre les Russes*, observe l'historienne Annette Wieviorka dans la postface, écrite en septembre 2022, de son ouvrage consacré au procès des anciens dignitaires nazis. *Nul ne connaît l'issue de ce conflit, ni même si la justice passera par exemple par la création d'un tribunal spécial international, mais la résurgence, près de quatre-vingts ans après le procès de Nuremberg, de ce crime oublié atteste encore de sa fécondité.* » ●

LA GUERRE CONTINUE AVEC LES DÉBUTS DE LA DÉCOLONISATION

A la création de l'ONU, en 1945, 750 millions de personnes – près du tiers de la population mondiale de l'époque – vivaient dans des territoires dépendant de puissances coloniales. De part et d'autre du globe, les luttes contre les pays occupants occasionnent de nombreux conflits armés.

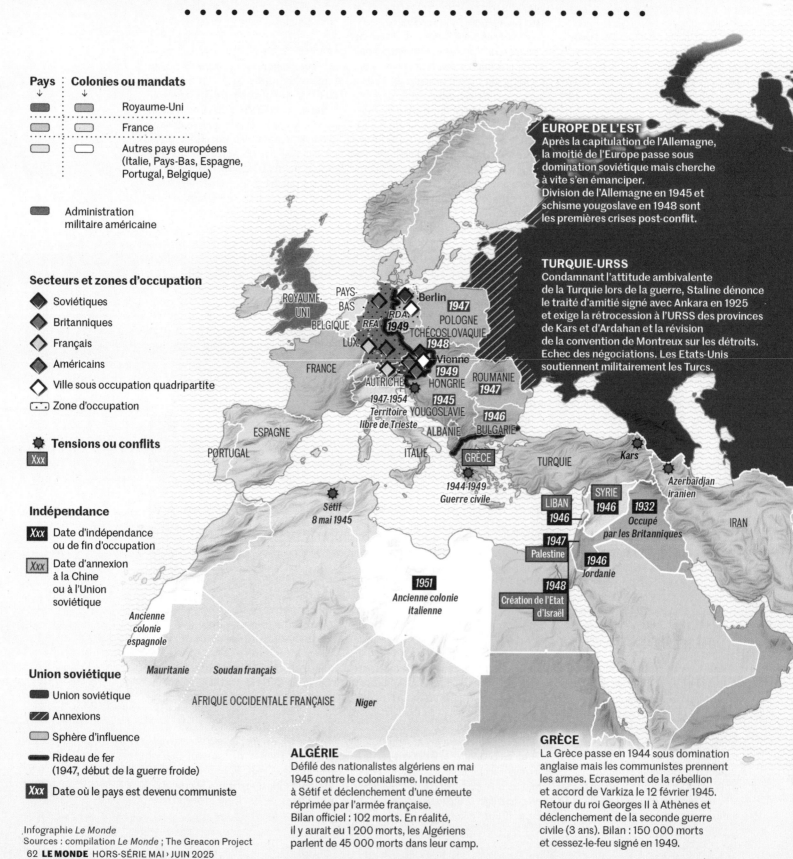

Pays : **Colonies ou mandats**

- Royaume-Uni
- France
- Autres pays européens (Italie, Pays-Bas, Espagne, Portugal, Belgique)

- Administration militaire américaine

Secteurs et zones d'occupation
- Soviétiques
- Britanniques
- Français
- Américains
- Ville sous occupation quadripartite
- Zone d'occupation

- **Tensions ou conflits**
- Xxx

Indépendance
- Xxx Date d'indépendance ou de fin d'occupation
- Xxx Date d'annexion à la Chine ou à l'Union soviétique

Union soviétique
- Union soviétique
- Annexions
- Sphère d'influence
- Rideau de fer (1947, début de la guerre froide)
- Xxx Date où le pays est devenu communiste

EUROPE DE L'EST
Après la capitulation de l'Allemagne, la moitié de l'Europe passe sous domination soviétique mais cherche à vite s'en émanciper.
Division de l'Allemagne en 1945 et schisme yougoslave en 1948 sont les premières crises post-conflit.

TURQUIE-URSS
Condamnant l'attitude ambivalente de la Turquie lors de la guerre, Staline dénonce le traité d'amitié signé avec Ankara en 1925 et exige la rétrocession à l'URSS des provinces de Kars et d'Ardahan et la révision de la convention de Montreux sur les détroits. Echec des négociations. Les Etats-Unis soutiennent militairement les Turcs.

ALGÉRIE
Défilé des nationalistes algériens en mai 1945 contre le colonialisme. Incident à Sétif et déclenchement d'une émeute réprimée par l'armée française.
Bilan officiel : 102 morts. En réalité, il y aurait eu 1 200 morts, les Algériens parlent de 45 000 morts dans leur camp.

GRÈCE
La Grèce passe en 1944 sous domination anglaise mais les communistes prennent les armes. Ecrasement de la rébellion et accord de Varkiza le 12 février 1945. Retour du roi Georges II à Athènes et déclenchement de la seconde guerre civile (3 ans). Bilan : 150 000 morts et cessez-le-feu signé en 1949.

Infographie *Le Monde*
Sources : compilation *Le Monde* ; The Greacon Project

ISRAËL-PALESTINE

Après deux ans de négociations et de tensions en Palestine, l'ONU adopte le plan de partage (deux Etats). Rejet du plan par les Arabes et la création d'Israël en 1948. Première guerre israélo-arabe et victoire d'Israël.

IRAN-URSS

Occupé par les Britanniques et les Soviétiques, l'Iran obtient le départ des premiers, mais les seconds maintiennent leurs troupes au nord du pays. Téhéran soumet en 1946 le problème au Conseil de sécurité de l'ONU. Moscou annonce son retrait en échange de quelques concessions, comme l'autonomie pour l'Azerbaïdjan iranien.

CHINE

Litige avec l'URSS en Mandchourie. Guerre entre communistes et nationalistes chinois. Echec de la médiation américaine. Les communistes dénoncent le soutien américain aux nationalistes. Fin de la guerre civile en 1949 et victoire des communistes. Les nationalistes se réfugient sur l'île de Taïwan.

URSS

CORÉE DU NORD ET CORÉE DU SUD

Accord entre Alliés pour placer la Corée sous un *trusteeship* international. Rejet par les Coréens et revendication d'indépendance. Guerre entre la Corée du Nord (communiste) et la Corée du Sud (pro-américaine) en 1950. Fin des combats en 1953 sans accord de paix, juste un cessez-le-feu.

Sakhaline
1945

Kouriles
1945

Mandchourie ◆

RÉPUBLIQUE POPULAIRE DE MONGOLIE

CORÉE DU NORD
1948

Xinjiang
1949

1950-1953
Guerre de Corée

◆ JAPON

CORÉE DU SUD
1948

RÉPUBLIQUE POPULAIRE DE CHINE

1946-1949
Guerre civile entre nationalistes et communistes

Tibet
1951

Cachemire ✴

URSS-JAPON

Après le bombardement d'Hiroshima, attaque du Japon et occupation des îles Kouriles par l'URSS. Tokyo, alors sous domination américaine, n'a pas les moyens de protester contre cette agression et maintient la pression sur Moscou pour récupérer ces territoires aujourd'hui rattachés à l'oblast de Sakhaline.

1947-1948
Première guerre indo-pakistanaise

1947
PAKISTAN OCCIDENTAL

1947
PAKISTAN ORIENTAL

1948
BIRMANIE

1949
Guerre civile et guérilla Karen

1947
UNION INDIENNE

1954
LAOS

INDOCHINE FRANÇAISE

HONGKONG

RÉPUBLIQUE DE CHINE (TAÏWAN)

Le 7 décembre 1949, le gouvernement nationaliste de la République de Chine se réfugie sur l'île de Taïwan (Formose)

INDOCHINE

Défaite du Japon et proclamation de l'indépendance de la République démocratique du Vietnam en 1945 par le dirigeant communiste Ho Chi Minh. Envoi d'un corps expéditionnaire français. Guerre d'Indochine (1946-1954) et défaite française de Dien Bien Phu. Signature des accords de Genève, indépendance du Vietnam partagé en deux zones.

INDE-PAKISTAN

Soutenu par les Pakistanais et les Indiens durant la guerre, le Royaume-Uni rejette l'indépendance de l'Inde. Manifestations violentes entre partisans de l'union indienne et ceux de l'indépendance du Pakistan.
En 1947, séparation de l'Inde en deux parties, avec litige territorial (Cachemire).

CAMBODGE
1954

1954
VIETNAM

1946
PHILIPPINES

COCHINCHINE

1946-1954
Guerre d'Indochine ✴

2025 LE TOURNANT

CARNAVAL FUNESTE – Lors de la traditionnelle parade du Lundi des roses, à Düsseldorf (Allemagne), le 3 mars 2025, un char expose les figures de Donald Trump et de Vladimir Poutine.

FEDERICO GAMBARINI/PICTURE-ALLIANCE/DPA/AP IMAGES

ENTRETIEN AVEC FRÉDÉRIC RAMEL

« Aujourd'hui, les valeurs démocratiques n'ont plus le même sens entre les deux rives de l'Atlantique »

La rencontre Trump-Zelensky à Washington le 28 février 2025 a marqué une fracture à l'intérieur de l'Occident, explique le politiste Frédéric Ramel, qui ajoute que, dans cette nouvelle configuration, l'Europe doit « faire de son autonomie stratégique une réalité, pas seulement un discours ».

PROPOS RECUEILLIS PAR GAÏDZ MINASSIAN

Le 24 février 2025, les Etats-Unis et la Russie ont voté ensemble une résolution sur l'Ukraine au Conseil de sécurité, alors que les Européens se sont abstenus. Quatre jours après, tensions inouïes à Washington entre les présidents Trump et Zelensky. Enfin, une trêve est en discussion entre Américains, Russes et Ukrainiens sans la participation des Européens. Que cela vous inspire-t-il ?

Donald Trump confirme sa marque de fabrique en politique étrangère : l'outrance. Il ne cesse de confondre spectacle médiatique et travail diplomatique. Ses déclarations révèlent une fracture de l'Occident, puisque les valeurs démocratiques n'ont plus le même sens entre les deux rives de l'Atlantique. Cette fracture conduit à une marginalisation des Européens, que les fuites récentes sur des conversations au sommet de l'administration ont mise en lumière de façon crue. Etre plus agacé par ses amis que par ses ennemis réactive ici une tradition jacksonienne en diplomatie.

La médiation états-unienne associée à l'Arabie saoudite n'infléchit pas la détermination russe. Trêve décrochée en mer Noire et moratoire sur les frappes de structures énergétiques demeurent précaires. Un cessez-le-feu de trente jours sans conditions préalables est, fin mars 2025, hors de portée. Le rapprochement entre Trump et Poutine ne rime pas, à ce stade, avec un arrêt des hostilités. Il a néanmoins deux conséquences.

Le risque de découplage entre la sécurité de l'Europe et celle des Etats-Unis n'a jamais été aussi grand. Le lien transatlantique ne semble plus tenir qu'à certains intérêts définis en commun, quand bien même une sortie de l'OTAN ne serait pas à l'ordre du jour à Washington, le Congrès américain ayant pris des mesures strictes avant l'élection présidentielle de 2024 quant à un éventuel retrait.

L'Union européenne est face à un défi historique : faire entendre une voix occidentale distincte de celle des Etats-Unis renouant avec l'expansionnisme d'un Theodore Roosevelt (1901-1909). Autrement dit, faire

FRÉDÉRIC RAMEL
Professeur des universités en science politique à Sciences Po, spécialiste des relations internationales, il a publié *La Bienveillance dans les relations internationales. Un autre regard politique sur l'espace mondial* (CNRS Editions, 2022) et *Espace mondial*, en collaboration avec Aghiad Ghanem (Presses de Sciences Po, 2024).

de son autonomie stratégique une réalité, pas seulement un discours. Une dynamique est enclenchée avec la « coalition des volontaires », prêts à offrir des garanties de sécurité à l'Ukraine et à augmenter leurs budgets de défense. Mais ne faudrait-il pas commencer par s'émanciper sur le plan énergétique ? Depuis 2022, les Européens ont importé pour plus de 200 milliards d'euros de combustibles fossiles russes, soit bien plus que les 49 milliards d'aide à Kiev.

La paix mondiale est-elle aujourd'hui en danger ou peut-on atteindre la création d'un monde de bienveillance, titre de l'un de vos récents ouvrages ?

La paix en tant qu'absence de conflits armés est précaire. D'une part, les conflits majeurs à l'origine d'au moins 10 000 morts perdurent. Quatre, aujourd'hui : Soudan et Birmanie (conflits civils) ; Israël et Hamas ; Russie et Ukraine. D'autre part, le spectre de ce qu'on appelle le « piège de Thucydide » – à savoir une nouvelle guerre pour l'hégémonie entre la Chine et les Etats-Unis – ne cesse de s'amplifier. A cela s'ajoute une désaffection, depuis 2015, pour la paix dite « positive » : fermetures d'opérations de paix onusiennes et aucune nouvelle création.

Un monde de bienveillance est toujours difficile à cultiver. Cela ne veut pas forcément dire que la bienveillance en tant que manière d'être, faite d'écoute, d'attention à l'autre et au milieu, n'est pas présente. La diplomatie des séismes reste opérante : la civilité de transit, dont témoignent les migrants et certaines sociétés d'accueil, apparaît encore. Un autre indice correspond au traité international pour la protection de la haute mer et de la biodiversité, ou Marine Biodiversity of Areas Beyond National Jurisdiction, signé le 20 septembre 2023. Mais dès que le repli sur soi l'emporte sur la reconnaissance de l'autre et l'esprit de coopération, les conduites bienveillantes s'altèrent.

Que reste-t-il aujourd'hui du système international mis en place en 1945 ?

Ce système a permis l'éclosion des Nations unies, mais celles-ci sont affaiblies. L'étiolement des démocraties contribue à leur fragilisation puisque ces régimes sont le poumon de l'esprit multilatéral. L'ONU est aussi concurrencée par des enceintes plus souples : G7, G20, BRICS+. En 1945 s'exprimait une aspiration à l'universel. Aujourd'hui, la souveraineté des Etats est le dénominateur commun, lui-même parfois violé, comme l'agression russe sur l'Ukraine. Sur les autres sujets, et en particulier les droits humains, l'hétérogénéité du système international pèse sur cette recherche de l'universel, valeurs et principes politiques qui guident les acteurs étant loin d'être consensuels.

Que vivons-nous, selon vous? Vivons-nous une nouvelle révolution néolithique?

Deux éléments me semblent caractériser notre époque. L'accélération du monde est tout d'abord poussée à son extrême par les sociétés modernes. Celles-ci ont la particularité de tirer leur stabilité d'un accroissement dynamique, de mettre le monde à notre portée, de renforcer notre accès au monde, ce qui suppose une exploitation des ressources naturelles et une croyance dans la technologie sans bornes. Y compris du côté de la Russie et de la Chine.

Le deuxième élément, c'est une tension entre global et planétaire. Le global signifie contrôler la nature, ses richesses et, au mieux, viser la soutenabilité du développement. Le planétaire consiste à reconnaître une pluralité d'espèces vivantes évoluant sur un même astre cosmique. Le but est l'habitabilité de la Terre. Nous vivons un clivage entre ces deux représentations.

Avec la sédentarisation, la révolution néolithique (pour la France, entre 5 800 et 2 500 ans avant notre ère environ) a modifié profondément les modes de vie dans l'histoire humaine. Elle correspond aussi à une triple domination : de l'homme sur la nature, avec l'agriculture ; de l'homme sur la femme, avec le patriarcat ; de l'homme sur l'homme, avec l'apparition des guerres. Les représentations globales du monde tendent à renforcer cette triple domination.

Les représentations planétaires du monde tendent à ouvrir un autre chemin, bien que les manières d'envisager ce planétaire soient plurielles selon les lieux et les sociétés. Une nouvelle révolution néolithique pourrait prendre les traits d'un basculement vers le planétaire, avec l'idée que l'humanité demeure intrinsèquement liée à l'astre cosmique qui l'a vue naître. Ce basculement génère des tensions, puisque non partagé par tous les Etats, toutes les sociétés, tous les acteurs, certains d'entre eux aspirant même à s'en émanciper pour coloniser d'autres planètes...

Le système international fondé sur les Etats semble être pris au piège entre des dynamiques qui le dépassent par le haut (les forces du marché et les réseaux technologiques) et d'autres qui le dépècent par le bas (les thématiques identitaires). A votre avis, l'Etat en tant que tel peut-il résister à ce mouvement de tenaille?

L'Etat doit composer avec des mouvements transnationaux d'ordre économique et des entrepreneurs identitaires. C'est le jeu triangulaire que Bertrand Badie, spécialiste des relations internationales, identifie entre trois types d'allégeance : nationale et citoyenne, utilitaire et primordialiste. Mais la capacité des Etats à évoluer dans ce jeu varie. Des Etats dits «faillis» ont du mal à lutter contre les entrepreneurs identitaires et à assurer la sécurité sur leur territoire. Des petits Etats comme les Etats du Golfe tirent parti de leur diplomatie confessionnelle pour en faire une ressource de médiation. Des Etats cultivant une politique néosouverainiste peuvent nouer des alliances (solides?) avec des firmes multinationales, à l'instar de l'administration Trump II. Ce jeu s'élargit aux régions, aux Etats fédérés, ou encore aux villes, avec leur propre diplomatie parfois en tension avec les Etats. La Wallonie, pour prendre le cas belge, a bloqué l'accord de libre-échange entre le Canada et l'Union européenne. Les Etats démocratiques vont devoir prendre en compte ces différents acteurs. Malgré une sorte d'étanchéité à leur égard, les régimes autoritaires aussi. Ils en fabriquent de toutes pièces ou empêchent leur accès diplomatique par un filtrage au Comité des organisations non gouvernementales de l'ONU.

Il y a encore quelques années, des auteurs évoquaient la fin de la guerre. Or, les exemples de guerres classiques s'accumulent. Assistons-nous au retour des guerres interétatiques ou peut-on parler de guerres d'un nouveau genre, celles d'extraction sociale ou «guerres mondialisées»?

La fin des guerres rime avec désétatisation du fait guerrier, laquelle sonnerait la fin du modèle de Clausewitz. Je pense que nous assistons moins à l'avènement d'un nouveau type de guerre qu'à la superposition de différentes formes de guerre. D'une part, les guerres civiles et les conflits intra-étatiques internationalisés (Soudan, République démocratique du Congo...) sont encore les plus nombreux. Ils peuvent aussi relever des guerres d'extraction sociale liées aux conditions d'existence des individus ; je pense aux «printemps arabes». D'autre part, les conflits armés interétatiques n'ont pas disparu, malgré une tendance à l'étiolement. Le spectre d'un conflit de haute intensité entre les Etats-Unis et la Chine demeure.

De plus, de nombreuses guerres se mondialisent par les conséquences qu'elles induisent, des houtistes dans le détroit de Bab Al-Mandab, au Yémen, depuis le 7 octobre 2023, jusqu'à la réaction des Européens au conflit entre la Russie et l'Ukraine. Derrière ces guerres mondialisées se loge aussi l'extension des domaines de la guerre aux espaces dits communs, accessibles à tous mais détenus par personne, comme l'espace extra-atmosphérique, la haute mer, le cyber. Terrain privilégié des opérations d'influence et de «guerre informationnelle», ce dernier devient un instrument de guerre «hybride». Ce type d'affrontement conjugue le modèle de la guerre industrielle avec des stratégies irrégulières (guérilla, opération clandestine, assassinats ciblés, recours aux drones...). C'est la conjugaison de ces deux types de stratégies régulières et irrégulières qui fait l'hybridité, notamment entre la Russie et l'Ukraine.

Le Sud global est-il en mesure (et comment?) de changer le système international ou est-il trop hétérogène pour le faire?

Le Sud global correspond à un slogan politique auquel, par exemple, la Chine ne souscrit que depuis 2023. Il ne renvoie pas à une force homogène. La Chine, l'Inde ou même l'Indonésie n'ont pas intérêt à rompre avec l'Occident, notamment pour des raisons économiques. L'Inde prône ainsi le multi-alignement, l'Indonésie l'engagement flexible. Avec l'arrivée de Trump II, la Chine renforce son propre agenda au sein de l'ONU, mais qui n'est pas forcément en adéquation avec les intérêts des autres pays membres de ce Sud global. Leur capacité à agir de concert pour instituer un nouvel ordre du monde paraît fragile. ●

> « LES CONFLITS ARMÉS INTERÉTATIQUES N'ONT PAS DISPARU, MALGRÉ UNE TENDANCE À L'ÉTIOLEMENT. LE SPECTRE D'UN CONFLIT DE HAUTE INTENSITÉ ENTRE LES ÉTATS-UNIS ET LA CHINE DEMEURE. »

LA FIN DE L'OCCIDENT COMME CONCEPT GÉOSTRATÉGIQUE ET ENSEMBLE DE VALEURS

Rapprochement entre la Russie et les Etats-Unis, lien transatlantique abîmé, incertitude au sujet de l'Ukraine, sursaut sécuritaire de l'Union européenne… Comment la victoire de Donald Trump à l'élection américaine renverse l'ordre mondial et détériore le multilatéralisme, garant d'une conception de la paix.

PAR GILLES PARIS

Une « tempête parfaite » s'est abattue sur l'ordre international mis en place par les Etats-Unis au sortir de la seconde guerre mondiale, le paradoxe étant qu'elle est partie du cœur de cet ordre ébranlé, Washington, à la suite du retour de Donald Trump à la Maison Blanche, le 20 janvier 2025. Que le républicain remette en question les alliances qui avaient longtemps été comprises par une majorité de démocrates et de républicains comme un démultiplicateur de puissance au service des intérêts américains était attendu. Ce qui a pris de court, en revanche, a été le niveau d'hostilité déployé par Washington à l'égard de ses anciens alliés, à l'exception d'Israël, et le remplacement d'un système de valeurs par l'exaltation de la force pure, mise au service d'une vision national-identitaire et réactionnaire.

IMPÉRIALISME PRÉDATEUR ET EXPANSIONNISME TERRITORIAL

L'ordre international inévitablement imparfait qui s'était imposé pendant des décennies n'avait pas mis un terme aux ambitions impériales de grandes puissances ni à leur volonté de remettre en cause les principes de souveraineté nationale et d'intangibilité des frontières. L'invasion de l'Ukraine, en février 2022, après le précédent géorgien de 2008 et l'annexion de la Crimée en 2014, avait déjà apporté la preuve que la Russie, sous l'autorité de Vladimir Poutine, pouvait s'en affranchir, en dépit de son statut de membre permanent du Conseil de sécurité des Nations unies.

Que Washington, longtemps garant de cet ordre, puisse revoir, par la voix de Donald Trump, la souveraineté du Panama, l'indépendance du Canada – que le locataire de la Maison Blanche veut transformer en 51e Etat américain –, mais aussi imaginer la prise de possession de Gaza, ou encore annoncer comme inéluctable l'annexion du Groenland, rattaché depuis trois siècles au Danemark, témoigne de la profondeur du bouleversement. L'approche utilitariste et mercantiliste du dossier ukrainien, dans lequel l'administration américaine entend monnayer son soutien passé en terres rares concédées sous la pression par Kiev, en est une autre illustration. Ce basculement de Washington ne peut qu'alimenter les inquiétudes à Taïwan et la détermination de Pékin à reprendre le contrôle, quel qu'en soit le moyen, de l'île rebelle, après avoir déjà mis au pas Hongkong.

LE RAPPROCHEMENT AMÉRICANO-RUSSE

Il faudra attendre le départ de Donald Trump du pouvoir, fixé en 2028, pour mesurer la pérennité d'un réalignement historique entre Washington et Moscou. Après les décennies d'endiguement de la guerre froide, le revanchisme de Vladimir Poutine, qui suivait la parenthèse de la présidence affaiblie de Boris Eltsine, avait fait de la Russie l'une des deux puissances « révisionnistes », avec la Chine, pointées dans les visions stratégiques des administrations américaines successives, y compris pendant le premier mandat de Donald Trump.

Cette perspective est révolue. La quête d'une paix à tout prix en Ukraine, poursuivie par le président des Etats-Unis, en renonçant par exemple aux leviers dont pouvait disposer Washington dans une négociation avec Moscou, en a fait le jouet du maître du Kremlin aux dépens des intérêts de Kiev. Ce rapprochement est parfois justifié par l'objectif d'éloigner Moscou de Pékin, l'adversaire prioritaire que se reconnaissent les Etats-Unis depuis plus d'une décennie, toutes administrations confondues. Cette explication est considérée avec circonspection par les experts, compte tenu du resserrement de ce partenariat à l'épreuve de l'invasion russe de l'Ukraine.

Ce réalignement n'est pas que géostratégique. Le discours national-identitaire de Donald Trump, la stigmatisation du progressisme et la détestation des contre-pouvoirs font en effet écho aux accents de la dictature poutinienne comme à ceux des démocraties illibérales hongroise, indienne ou turque.

LE CAS D'ÉCOLE ISRAÉLO-PALESTINIEN

En première ligne dans la bataille visant à retirer toute légitimité aux Nations unies, symbole de l'ordre mondial mis en péril, la coalition dirigée en Israël par l'inoxydable Benyamin Nétanyahou s'est immédiatement coulée dans cette nouvelle grammaire géopolitique. Elle lui permet de maximiser son avantage stratégique, que ce soit dans le cas de Gaza, où Israël a mis fin unilatéralement, le 18 mars, à un accord de cessez-le-feu pourtant négocié sous l'égide des Etats-Unis, ou bien en Cisjordanie, où les actions violentes des colons les plus radicaux et les manœuvres d'étouffement de l'armée ne suscitent plus aucun commentaire à Washington. Elles mettent pourtant en péril, peut-être de manière irréversible, la solution des deux Etats, soit la création de la Palestine.

> CE QUI A PRIS DE COURT A ÉTÉ LE REMPLACEMENT D'UN SYSTÈME DE VALEURS PAR L'EXALTATION DE LA FORCE PURE, MISE AU SERVICE D'UNE VISION NATIONAL-IDENTITAIRE ET RÉACTIONNAIRE.

L'Etat hébreu a également interprété de manière extensive un autre accord avec le Liban qui avait permis de mettre un terme à un affrontement avec le Hezbollah. Ce dernier avait laissé la milice chiite affaiblie militairement

SIDÉRATION – Le 2 mars 2025, à Munich (Allemagne), lors d'une manifestation pro-Ukraine, après la rencontre entre Zelensky et Trump, le 28 février, à Washington.

et décapitée politiquement. L'Etat hébreu a enfin tiré avantage de la fin de la dictature de Bachar Al-Assad en Syrie et de la transition délicate qui lui a succédé pour réduire drastiquement les capacités défensives du pays, par le moyen de bombardements répétés, tout en prenant position dans la zone tampon qui sépare la Syrie du Golan, annexé unilatéralement en 1981.

Benyamin Nétanyahou a aussi profité de la présence d'une administration indifférente au respect des règles démocratiques pour relancer une offensive opiniâtre contre l'Etat de droit, à commencer par la justice.

LA BRUTALE PRISE DE CONSCIENCE DES EUROPÉENS

L'agressivité de la nouvelle administration américaine à l'égard des Européens, illustrée par la virulence du discours prononcé par le vice-président des Etats-Unis, J. D. Vance, lors de la Conférence de Munich sur la sécurité, le 14 février, ainsi que le soutien apporté au parti d'extrême droite allemand AfD, à la veille des législatives remportées par les conservateurs, ont eu l'effet d'un électrochoc sur le Vieux Continent. La remise en question est globale. Elle vise

autant les relations commerciales ou la sécurité que les règles que les Européens se sont données en matière, notamment, de liberté d'expression et de contrôle des réseaux sociaux.

La guerre commerciale qui se prépare, à grand renfort de droits de douane, s'annonce dévastatrice des deux côtés de l'Atlantique. La solidité de l'OTAN, la garantie de sécurité des pays européens ont été fragilisées, sans même que Donald Trump ait à reconsidérer l'article 5 du traité, qui fonde le principe de solidarité entre alliés en cas d'attaque visant l'un d'eux. Il oblige les pays européens, au-delà du seul conclave des Vingt-Sept, à inventer une architecture de sécurité ex nihilo, qui va nécessiter des investissements colossaux sur la durée.

UN MULTILATÉRALISME SANS BOUSSOLE

Le revirement de Donald Trump à propos de son premier choix pour occuper les fonctions d'ambassadeur aux Nations unies, une représentante de l'Etat de New York finalement maintenue dans ses fonctions pour ne pas fragiliser la courte majorité républicaine à la Chambre des représentants, a donné

la mesure de son mépris pour l'ONU. Les critiques virulentes contre la Cour pénale internationale, bête noire de longue date des administrations républicaines et désormais menacée de sanctions, se sont ajoutées au dédain vis-à-vis du Conseil de sécurité des Nations unies, accentuant sa paralysie.

Le désengagement des Etats-Unis de l'Organisation mondiale de la santé et les coupes massives dans l'aide internationale américaine, la première en importance, ont fragilisé en outre les agences onusiennes, devenues indispensables dans les grandes crises internationales, qu'elles soient liées à la guerre ou à des catastrophes naturelles ou climatiques, comme le Programme alimentaire mondial ou le Haut-Commissariat des Nations unies pour les réfugiés.

Jusqu'au retour de Donald Trump au pouvoir, le bloc occidental était resté un axe d'organisation des affaires du monde, en dépit de l'émergence des blocs aux contours variables rassemblant les pays de ce qui est désigné, faute de mieux, comme le Sud global. Son éclatement accélère une réorganisation en sphères d'influence et peut mener à un plurilatéralisme qui va devoir faire la preuve de son efficacité. ●

LE DÉTRICOTAGE DU MONDE AU SERVICE D'UN NÉOLIBÉRALISME DÉCOMPLEXÉ

Que reste-t-il des accords de Bretton Woods, quatre-vingts ans après leur signature? Qu'est devenu le nouvel ordre économique espéré? L'intervention de l'Etat est vue comme un obstacle, et la guerre économique généralisée a dynamité le système censé assurer la stabilité financière.

PAR ANTOINE REVERCHON

Quatre-vingts ans après la signature, en juillet 1944, des accords de Bretton Woods, les principes qui ont présidé à leur négociation semblent avoir été oubliés : l'intervention de l'Etat dans l'économie et la sécurité sociale est considérée, depuis le triomphe des théories économiques proclamant l'efficience des marchés, comme l'obstacle plutôt que comme la solution ; le système monétaire international a volé en éclats pour faire place à la guerre économique généralisée ; la stabilité financière a disparu dans les crises de change et de dettes publiques.

La construction du nouvel ordre économique international a eu, dès l'immédiat après-guerre, un goût d'inachevé pour ceux qui avaient participé aux discussions de Bretton Woods. Si le volet défensif – contre les crises monétaires et budgétaires – a bien été acté dès juillet 1944, le volet offensif – le plein-emploi, l'élévation du niveau de vie, un commerce international libre et loyal – avait été renvoyé par l'acte final à une conférence ultérieure.

Celle-ci, qui doit se tenir à La Havane fin 1947, est pourtant préparée sous les meilleurs auspices. Les objectifs de plein-emploi et de sécurité sociale sont adoptés à la conférence de l'Organisation internationale du travail (OIT) réunissant Etats, patronat et syndicats à Philadelphie en mai 1944 ; ils sont réaffirmés dans la Charte des Nations unies adoptée en juin 1945 ; ils figurent dans les réunions préparatoires en décembre 1946 à Londres et en octobre 1947 à Genève.

Côté commerce, l'article 4 de la Charte de l'Atlantique (août 1941), selon lequel *« tous les Etats, grands ou petits, victorieux ou vaincus, devront avoir un égal accès au commerce et aux matières premières du monde entier »*, est la base des discussions à New York (septembre 1945) et à Londres (1946). Mais la position des Américains en faveur du libre-échange se heurte à la préférence impériale établie par Londres au sein du Commonwealth en 1932 (accord d'Ottawa en réaction au protectionnisme… américain), aux craintes des Européens importateurs et des pays exportateurs de matières premières. Une conférence préparatoire à Genève, d'avril à octobre 1947, permet de rapprocher les positions, avec la signature de 123 accords bilatéraux réunis sous le nom de General Agreements on Tariffs and Trade (GATT). Le projet américain d'Organisation internationale du commerce (OIC), jouant pour le commerce le même rôle de régulation, de coopération et d'arbitrage que le Fonds monétaire international (FMI) et la Banque internationale pour la reconstruction et le développement (BIRD) pour la monnaie et la finance, est approuvé.

LA GUERRE FROIDE À L'AGENDA

En novembre 1947, la Conférence sur le commerce et l'emploi réunit 65 pays à La Havane, dans le même enthousiasme qu'à Bretton Woods. Après cinq mois de négociations, la Charte de La Havane est adoptée le 24 mars 1948 : elle promet des niveaux d'emploi et de revenus élevés, des termes équitables de l'échange entre pays exportateurs et importateurs, l'arbitrage des conflits commerciaux. Deux Etats, le Liberia et l'Australie, la ratifient immédiatement. Les autres attendent que le principal acteur de la future OIC en fasse de même. Mais à Washington, les républicains ont repris la majorité au Congrès en 1947, après quatorze ans de domination démocrate. Le président (démocrate) Truman annonce en décembre 1950 qu'il renonce à faire ratifier le texte. Le pilier offensif de Bretton Woods ne verra jamais le jour.

En 1944, les gouvernements étaient encore capables de sacrifier des avantages immédiats à des gains à long terme. Mais la guerre est terminée… Le « big business » américain et le Congrès républicain rejettent le lien établi par la Charte entre liberté de commerce, plein-emploi et revenus. Surtout, les priorités politiques ont changé. La guerre froide est désormais au sommet de l'agenda. En avril 1946, Staline a soudainement refusé l'adhésion de l'URSS au FMI et à la Banque mondiale, à la grande stupeur de la délégation soviétique venue assister en mars à l'inauguration des deux institutions.

> DÈS 1973, L'ENSEMBLE DES MONNAIES OCCIDENTALES DEVIENNENT FLOTTANTES, VULNÉRABLES À LA SPÉCULATION ET AUX CRISES BUDGÉTAIRES, ET CELLES-CI NE VONT PAS MANQUER.

Par ailleurs, les capacités financières de la BIRD, dotée d'un capital de 10 milliards de dollars, s'avèrent hors de proportion avec les besoins colossaux de l'Europe ravagée. Parce que la famine menace et pourrait propulser les partis communistes au pouvoir en France et en Italie, Washington décide d'apporter en urgence des aides bilatérales sans passer par la BIRD. Ce sera le plan Marshall (European Recovery Program) : 14,3 milliards de dollars déversés en quatre ans sur 16 pays européens – l'équivalent, en proportion de leur produit national brut actuel, de 800 milliards!

L'ÈRE DES DEVISES FLOTTANTES

Au lieu de fixer des taux de change stables, la France, le Canada et même… le Royaume-Uni dévaluent massivement leur monnaie pour protéger et reconstruire leurs marchés – la France sera même exclue du FMI de 1948 à 1954! Ce n'est qu'en 1958, quatorze ans après Bretton Woods, que tous les pays européens, rejoints en 1961 par le Japon, acceptent la pleine convertibilité de leurs monnaies. Le système imaginé par Keynes et White

TOUT L'OR DU MONDE – En 1968, des employés de la Réserve fédérale américaine à New York comptent le stock d'or déposé par les pays étrangers.

ne fonctionnera finalement que treize ans. Le 15 août 1971, le président américain Richard Nixon annonce la fin de l'ancrage du dollar sur le cours de l'or, fondement des accords de 1944. Ceux-ci avaient fixé une parité de 35 dollars par once d'or (31,105 g), valeur sur laquelle toutes les autres monnaies devaient s'aligner pour déterminer leur taux de change vis-à-vis du dollar. C'était également en dollars et en or qu'étaient établis les droits de tirage (niveaux d'emprunt) des pays membres, tout comme leurs quotes-parts au capital de la Banque mondiale – d'où le nom de double étalon (or et dollar) donné au système, qui fait du dollar la monnaie de référence du commerce international. Mais, une fois passés les soubresauts de la reconstruction, la croissance vertigineuse des échanges au sein du camp occidental, facilitée par la stabilité des changes et l'ouverture du commerce – alors que le camp communiste s'enfonce dans les pénuries –, conduit à un décalage croissant entre la quantité de dollars échangés et la quantité d'or détenu à Fort Knox par la Réserve fédérale américaine. Dès 1960, il y a plus de dollars en circulation que de stock d'or au prix de 35 dollars l'once. C'est le dilemme de Triffin, du nom de l'économiste belge Robert Triffin, qui l'a mis en évidence en 1960 : une monnaie ne peut être à la fois le reflet de l'économie d'un pays, fût-il prospère et dominant, et la monnaie de réserve mondiale sans que ce pays soit en déficit commercial durable, ce qui

AU FIL DES ANNÉES 1980, LES RÉSEAUX NÉOLIBÉRAUX DOMINENT OU INFLUENCENT PEU À PEU LES POLITIQUES ÉCONOMIQUES DE LA PLUPART DES PAYS OCCIDENTAUX, MAIS AUSSI DU FMI ET DE LA BANQUE MONDIALE.

finit par éroder la confiance des agents économiques dans cette monnaie. Un cercle vicieux renforcé par l'inflation des dépenses de la guerre du Vietnam et des programmes sociaux de Lyndon Johnson, inflation aussitôt exportée vers les partenaires commerciaux ⟶

➡ européens et japonais. Pour y échapper, ceux-ci cherchent à échanger leurs dollars contre de l'or, comme le permet la règle du double étalon.

LES PRINCIPES DE SÉCURITÉ SOCIALE ET DE HAUSSE DE L'EMPLOI ET DES REVENUS CHERS AUX ÉCONOMISTES DU NEW DEAL ONT ÉTÉ MIS À MAL PAR QUARANTE ANNÉES DE POLITIQUES NÉOLIBÉRALES.

Lorsque le président Pompidou envoie, à l'été 1971, un navire de guerre dans le port de New York pour ramener en France le reste du stock d'or que la Banque de France y avait envoyé en 1940 à l'abri de l'envahisseur nazi, la crise de confiance atteint un sommet. Le 11 août, le gouvernement britannique annonce une intention similaire, en demandant le transfert de son stock d'or de Fort Knox au siège du FMI, à Washington. Le 15 août, Richard Nixon réagit en annonçant à la télévision, sans préavis, une taxe de 10 % sur les importations et la suspension de la convertibilité du dollar en or : la valeur du billet vert oscillera dès lors en fonction de l'offre et de la demande. Européens et Japonais sont contraints d'accepter une dévaluation du dollar, puis, un peu plus tard, l'abandon même du principe de parité fixe : dès 1973, l'ensemble des monnaies occidentales deviennent flottantes, vulnérables à la spéculation, aux crises de change et aux crises budgétaires. Et celles-ci ne vont pas manquer – crises mexicaine (1994), asiatique (1997), russe (1998), sud-américaines (années 1990-2000), grecque (2010), européenne (2012) et... mondiale (2008).

LE RETOUR DU LAISSER-FAIRE

Ce démantèlement de l'ordre monétaire et financier né en 1944 n'est pas qu'affaire de circonstances. Il annonce l'abandon progressif de l'ensemble des politiques économiques conçues pendant la seconde guerre mondiale sur les principes de solidarité et de coopération. Les tenants de la théorie économique libérale, du laisser-faire et du libre-échange avaient dû se faire discrets en raison de l'échec des politiques récessives qu'ils avaient défen-

dues dans les années 1920. Mais ils sont toujours actifs à l'université de Chicago (Frank Knight, George Stigler, Milton Friedman), où ils reçoivent l'appui des économistes de l'école autrichienne (Friedrich Hayek, Ludwig von Mises) chassés par le nazisme.

A l'initiative de Hayek *(lire p. 73)*, économistes, hauts fonctionnaires et chefs d'entreprise gagnés à leur cause se réunissent au Mont-Pèlerin, non loin de Vevey, en Suisse, le 10 avril 1947, pour créer la société du même nom, dont l'objectif est de porter le fer, dans les revues académiques, les départements d'économie et les couloirs des ministères, contre les keynésiens. Ce combat reste longtemps confiné aux cercles d'experts, mais la guerre froide, la lutte anticommuniste et les difficultés des institutions de Bretton Woods apportent de l'eau à leur moulin. Le retour de l'inflation dans les années 1960 et, surtout, le choc pétrolier de 1973 leur offrent l'occasion de triompher : les économies occidentales entrent en récession et l'inflation persiste (stagflation), démentant les théories keynésiennes et paralysant les politiques de relance.

INDIVIDUALISME ET ÉGOÏSME RATIONNEL

Pour les économistes de Chicago, l'inflation résulte de l'intervention de l'Etat et des dépenses publiques. Seuls les marchés doivent fixer les prix et orienter les pratiques des agents économiques. L'Etat doit donc déréguler, privatiser, diminuer prélèvements fiscaux et sociaux pour laisser le plus grand champ possible à la concurrence sur les marchés, y compris ceux de l'emploi, de la santé, de l'éducation et de la culture. Le principe philosophique de ces conceptions est l'individualisme prôné par l'essayiste russo-américaine Ayn Rand, qui écrit dans les années 1950 plusieurs essais et romans vantant l'« égoïsme rationnel ».

Le premier pays à appliquer à la lettre les idées des économistes de Chicago est le Chili du général Pinochet, à la suite du coup d'Etat de 1973. Le 3 mai 1979, le Parti conservateur britannique, emmené par Margaret Thatcher, remporte les élections, profitant de l'incapacité des travaillistes à surmonter la crise de 1973. Quelques jours après, la nouvelle première ministre envoie une lettre de remerciement au président de l'Institute of Economic

Affairs, antenne londonienne de la Société du Mont-Pèlerin, pour le *« travail de conviction »* effectué auprès du parti pour adopter ses idées, qu'elle appliquera tout au long de ses mandats. En 1980, Ronald Reagan remporte l'élection présidentielle américaine. Milton Friedman était son conseiller économique lorsqu'il était gouverneur de Californie ; 22 des 76 conseillers de son équipe de campagne sont membres de la Société du Mont-Pèlerin. Les prescriptions des « Chicago Boys » guideront la politique économique américaine pendant des décennies, au-delà des mandats du président Reagan.

L'ÉCONOMIE DE NOUVEAU UNE ARME DE GUERRE

Au fil des années 1980, les réseaux néolibéraux dominent ou influencent peu à peu les politiques économiques de la plupart des pays occidentaux, mais aussi du FMI et de la Banque mondiale. Loin des principes de stabilité et de coopération qui avaient présidé à leur naissance, leurs interventions obéissent désormais aux logiques néolibérales, dites du « consensus de Washington » : les prêts et les conseils sont octroyés aux pays en crise à condition de déréglementer et de privatiser, aux dépens du revenu des ménages et des budgets publics. Si la création de l'Organisation mondiale du commerce (OMC), en 1995, à Genève, semble parachever le programme de Keynes et White, la toute nouvelle OMC obéit à la seule règle du libre-échange, « oubliant » le volet de la Charte de La Havane sur l'emploi, les revenus et les termes équitables des échanges.

Les principes de sécurité sociale et de hausse de l'emploi et des revenus chers aux équipes de Roosevelt et aux économistes du New Deal ont été mis à mal par quarante années de politiques néolibérales. La dérégulation des marchés financiers et monétaires a, en « financiarisant » l'économie, mis un terme à la tentative de stabilisation des échanges internationaux établie à Bretton Woods. Aujourd'hui, l'enrôlement des monnaies, des circuits financiers, des technologies et des grandes entreprises dans les rivalités entre blocs géopolitiques a effacé les derniers acquis de 1945. L'économie est redevenue, comme dans les années 1930, une arme de guerre entre les mains d'ambitions impériales et d'idéologies meurtrières. ●

FRIEDRICH HAYEK, STRATÈGE DU NÉOLIBÉRALISME

En mars 1944, quatre mois avant les accords de Bretton Woods, Friedrich Hayek publie *The Road to Serfdom* (*La Route de la servitude*). Le professeur de la London School of Economics (LSE) y déplore que les pays capitalistes abandonnent *« cette liberté économique sans laquelle les libertés individuelles et politiques n'auraient jamais existé »* en faisant de l'Etat un acteur économique majeur par la planification, la régulation et les nationalisations, à l'instar des communistes et des nazis. Né en 1899 à Vienne, épigone de l'Ecole autrichienne partisane du retour aux sources du libéralisme, il obtient en 1931 un poste à la LSE. L'Anschluss, en 1938, le décide à rester à Londres et à prendre la nationalité britannique. Du 26 au 30 août 1938, il participe au colloque Walter Lippmann, qui réunit à Paris 26 intellectuels pour « refonder » le libéralisme face à la montée des totalitarismes. Le terme « néolibéralisme » et l'idée de créer une institution chargée d'en répandre les thèses apparaissent pour la première fois. Ce sera la Société du Mont-Pèlerin, fondée le 10 avril 1947 par Friedrich Hayek et 38 économistes, hauts fonctionnaires et entrepreneurs dans le village suisse éponyme.

Dans un article de 1949, « Les intellectuels et le socialisme » (*University of Chicago Law Review,* n° 16/3), Hayek analyse comment les idées *« socialistes »* (y compris, selon lui, marxistes et keynésiennes) ont su conquérir le cœur et l'esprit des gouvernements. Il distingue les *« experts »*, c'est-à-dire les penseurs et les théoriciens qui créent de nouvelles idées, des *« intellectuels »*, c'est-à-dire les professionnels de la presse, de l'éducation, de la politique, des arts et spectacles qui, par conviction, puis par mimétisme et enfin par routine, adoptent ces idées, les diffusent et en font des pratiques normatives.

Et de conclure que les néolibéraux doivent à leur tour user de cette stratégie. *« Ce dont nous manquons est une utopie libérale, un programme qui ne ressemble ni à une simple défense des choses telles qu'elles sont, ni à une sorte de socialisme mou, mais à un vrai libéralisme radical. »* Ce sera le rôle de la Société du Mont-Pèlerin et des 400 groupes de réflexion qu'elle créera ou inspirera dans 70 pays, dont les membres peupleront peu à peu facultés et revues d'économie, médias, cabinets ministériels et institutions internationales, réalisant le projet conçu par Friedrich Hayek en 1949.

Antoine Reverchon

NOBEL – Friedrich Hayek en 1948. En 1974, il reçut le prix de la Banque de Suède en sciences économiques en mémoire d'Alfred Nobel, communément surnommé « prix Nobel d'économie ».

« Plus jamais ça » : la promesse non tenue d'un devoir sacré

Que reste-t-il de cette injonction morale exprimée après la découverte des camps de la mort? A force d'être sans cesse et partout invoqué, ce vœu pieux s'est vidé de sa gravité et retourné comme un gant devant une histoire qui se répète.

PAR VALENTINE FAURE

C'est un slogan qui capture l'impératif moral issu de la seconde guerre mondiale : *« Plus jamais ça »*. Selon l'historien Raul Hilberg, c'est à Buchenwald, en avril 1945, que la phrase apparaît pour la première fois, sur des panneaux peints à la main par les détenus du camp tout juste découvert par l'armée américaine.

Soixante-quatre ans plus tard, en mai 2009, l'écrivain Elie Wiesel, ancien prisonnier de Buchenwald, accompagnait Barack Obama et Angela Merkel à l'occasion d'une visite officielle du camp commémorant l'événement. Il se rappelait l'espoir paradoxal qui les habitait alors, lui et ses camarades. Le monde, pensaient-ils, avait appris une leçon. Le souvenir de la Shoah avait laissé un *« devoir sacré »* à l'humanité : empêcher que *« ça »* ne se reproduise. Mais si le monde avait réellement appris quelque chose, a fini par constater Elie Wiesel, *« il n'y aurait pas de Cambodge, ni de Rwanda, ni de Darfour, ni de Bosnie »*.

> MAIS SI LE MONDE AVAIT RÉELLEMENT APPRIS QUELQUE CHOSE, A FINI PAR CONSTATER ÉLIE WIESEL, « IL N'Y AURAIT PAS DE CAMBODGE, NI DE RWANDA, NI DE DARFOUR, NI DE BOSNIE ».

Entre-temps, le mot d'ordre a quitté les fragiles panneaux en bois pour s'inscrire dans l'éternité de la pierre des mémoriaux à Buchenwald, à Dachau, ou encore à Treblinka, où il est décliné en sept langues. *« Plus jamais ça »*, un vœu, une promesse, résume une *« leçon de l'histoire »* – le plus petit dénominateur moral commun à toute l'humanité après la guerre.

« L'éthique du "Plus jamais ça" est une utopie inversée qui projette les catastrophes du passé sur l'avenir », écrivent les sociologues Alejandro Baer et Natan Sznaider dans *Memory and Forgetting in the Post-Holocaust Era. The Ethics of Never Again* (« la mémoire et l'oubli dans l'ère post-Holocauste. l'éthique du *"Plus jamais ça"* », Routledge, 2016, non traduit). Mais, étonnamment, ajoutent-ils, cette locution a été *« peu conceptualisée »*. Que contient cette promesse ? Par qui doit-elle être tenue ? A quoi ce *« ça »* se réfère-t-il ?

UNE MAUVAISE CONSCIENCE

« Pendant toute une période, le "ça" était à l'évidence la Shoah, estime Danny Trom, sociologue au CNRS et auteur de *L'Etat de l'exil. Israël, les juifs, l'Europe* (PUF, 2023) et d'un texte sur le sujet dans la revue K. Encapsulée dans une formule, cette conscience historique était une mauvaise conscience – celle de l'Europe qui avait engendré le crime, celle des Etats-Unis qui avaient fermé leurs portes à l'immigration juive, puis observé le génocide sans agir. »* Pour l'historienne Annette Wieviorka, au contraire, *« "Plus jamais ça" n'a jamais concerné la Shoah. Le symbole des camps, après la guerre, c'est Buchenwald* [camp de prisonniers politiques], *pas Auschwitz* [centre de mise à mort des juifs]. »* La Shoah émerge comme *« événement séparé de la criminalité nazie relativement tardivement, avec le procès Eichmann »*.

Le serment de Buchenwald, prêté par les rescapés en avril 1945, et qui préfigure la Déclaration universelle des droits de l'homme de l'Organisation des Nations unies en 1945, vise l'écrasement *« du fascisme et du nazisme »*. Il appelle à reconstruire un monde de *« paix »* et de *« liberté »*, et ne fait pas référence aux juifs. L'ordre international élaboré après 1945 se construit sur cette injonction implicite : plus jamais ça. Quand les Allemands, en 1949, rédigent leur Constitution, ils sont guidés par ce mot d'ordre. Pour ne pas répéter les erreurs du passé, ils se dotent d'un texte destiné à les guider : une Constitution, non pas qui leur ressemble – elle ne fut d'ailleurs pas soumise à un référendum – mais à laquelle ils devront s'adapter.

> ENTRE-TEMPS, LE MOT D'ORDRE EST DEVENU UBIQUITAIRE. CAR UN PROCESSUS DE « DÉSINGULARISATION DE LA SHOAH », QUI S'EST EMBALLÉ À PARTIR DES ANNÉES 1980, VOIT LE SLOGAN SORTIR DU CONTEXTE AUQUEL ON L'ASSOCIE D'ABORD.

Il n'empêche que les juifs s'en saisissent aussi. C'est, au fond, l'expérience de barbarie humaine inédite vécue dans les camps que peut désigner le *« ça »*. S'il s'accorde à dire que ce sont les détenus politiques qui ont mis le slogan en avant, à travers notamment toute une *« pédagogie de l'horreur »* censée démontrer l'expérience concentrationnaire (dont le film *Nuit et brouillard*, d'Alain Resnais, est l'exemple le plus connu), l'historien Sébastien Ledoux a retrouvé la trace de *« Plus jamais Auschwitz »* dans les années 1950. Elle est notamment utilisée par l'Amicale des anciens déportés, internés, résistants juifs de France et familles de disparus, et cette fois donc spécifiquement axée sur le martyr juif.

EN SOUVENIR DE MASSADA

Que recouvre cette injonction quand ce sont les juifs qui l'emploient ? Pour le comprendre, il faut, semble-t-il, remonter à 1926, avant la seconde guerre mondiale. Cette année-là, le poète d'origine ukrainienne Yitzhak Lamdan, installé en Palestine en 1920, écrit un poème intitulé *Massada*. Ce titre fait référence au plateau situé dans le désert de Judée, au-dessus de la mer Morte, où les derniers résistants juifs de la révolte ratée contre Rome, au Ier siècle, avaient tenu bon : Massada ne tombera *« plus jamais »*. *« Pour lui, ce "plus jamais" veut dire que les juifs ne se retrouveront plus jamais dans une nasse sans aucune issue*, explique Danny Trom. *Dans l'es-*

MATTHIAS BALK/PICTURE-ALLIANCE/DPA/AP IMAGES

prit d'Yitzhak Lamdan, le sionisme est la seule issue à l'impasse dans laquelle se trouvent les juifs d'Europe. »

Les survivants de la Shoah l'ont-ils en tête ? Quoi qu'il en soit, après la Libération, poursuit le sociologue, l'Etat d'Israël *est compris comme l'institutionnalisation »* de ce slogan qui contient une teneur défensive.

En 1971, Meir Kahane, un rabbin d'extrême droite, fondateur de la Ligue de défense juive, écrit d'ailleurs un livre-manifeste intitulé *Never Again! A Program for Survival* («plus jamais ça ! un programme de survie », Los Angeles, Nash Pub, non traduit), qui popularise l'expression en anglais et en propose une acception plus guerrière. Pour Meir Kahane, qui affirme qu'ils *se sont comportés comme des moutons »* pendant la Shoah, que les leaders, rabbins et institutions juives n'ont pas protégé leur peuple, un *« nouveau type de juif »* a émergé *des cendres et de la décadence d'Auschwitz »*. La devise, écrit-il, ne signifie pas que la Shoah ne se reproduira plus jamais, ce qui serait un *« non-sens »*, mais que *« si cela se reproduisait, cela n'arriverait pas de la même manière »*. Meir Kahane pense que les tensions entre juifs et Noirs américains pourraient déboucher sur une nouvelle extermination. Il appelle les juifs américains à s'inspirer des méthodes des Black Panthers (le symbole de la Ligue est une étoile de David ornée d'un poing levé) et exalte le *hadar* (« fierté juive ») par la force physique. *« Si plus de juifs avaient su se battre, plus de juifs auraient survécu. »* Plus jamais ça, donc, car la prochaine fois, prévient-il en popularisant un autre mot d'ordre – *« un .22 pour chaque juif »*, en référence au calibre d'une munition –, les juifs se défendront.

DE BUSH À PINOCHET, PUIS GAZA

Par une étrange ironie, *« Plus jamais ça »* sera utilisé des décennies plus tard comme slogan par le mouvement anti-armes aux Etats-Unis, après chaque tuerie de masse. Entre-temps, le mot d'ordre est devenu ubiquitaire.

Car un processus de « désingularisation de la Shoah », qui s'est emballé à partir des années 1980, voit le slogan sortir du contexte auquel on l'associe d'abord. *« Si l'on veut tirer des leçons de la Shoah*, souligne Danny Trom, *il faut que celle-ci soit comparable. Lui ôter, par exemple, son aspect industriel, qui n'est caractéristique d'aucun autre génocide. »* Le *« ça »* peut dès lors désigner des génocides comme ceux du Rwanda (1994) ou de Srebrenica, en Bosnie-Herzégovine (1995). A mesure que des atrocités se multiplient, le slogan réapparaît comme une promesse non tenue, puisque le *« ça »*, quoi qu'il signifie, continue d'advenir. *« Puisque le mal ne cesse de proliférer, "plus jamais" s'est inversé en son contraire, devenant synonyme d'"encore toujours" »*, souligne Danny Trom.

Aujourd'hui, la formule, avec sa tonalité comminatoire, est utilisée partout. *« Plus jamais »* le terrorisme, déclare George W. Bush après le 11 septembre 2001. *« Nunca mas »*, ⟶

« C'EST MAINTENANT ! » – Le 13 mai 2024, à Munich (Allemagne), lors d'une manifestation propalestinienne et contre l'antisémitisme. Ludwig Spaenle, ministre chargé de l'éducation, de l'enseignement supérieur et de la culture de l'Etat de Bavière, avec l'association Munich est multicolore.

→ ainsi s'intitule le rapport de la Commission nationale sur la disparition des personnes, publié en 1984, après la chute de la dictature militaire en Argentine. « *Jamais plus* » a été inscrit sur des mémoriaux de Paine, au Chili, la ville qui compte proportionnellement le plus grand nombre de victimes de la dictature de Pinochet. A la fois empreinte de gravité et inoffensive tant la formule est basique, elle peut servir à tout.

> *« FINALEMENT, NOUS CONNAISSONS AUJOURD'HUI LE SENS DE "PLUS JAMAIS ÇA". CELA SIGNIFIE SIMPLEMENT : "PLUS JAMAIS LES ALLEMANDS NE TUERONT LES JUIFS EN EUROPE DANS LES ANNÉES 1940". C'EST TOUT. »* DAVID RIEFF

A Gaza, l'impératif moral semble cependant avoir trouvé sa limite comme slogan de ralliement : il est aussi bien affiché en Allemagne, le 9 novembre 2023, sur la porte de Brandebourg, en soutien à Israël, que brandi contre l'Etat hébreu par ceux qui l'accusent de commettre un génocide dans l'enclave palestinienne.

L'organisation juive propalestinienne Jewish Voice for Peace utilise pour slogan « *Never again is now* ».

« *Nous avons grandi avec le refrain "Plus jamais ça" et nous avons appris que, face à l'injustice, il ne peut y avoir de lignes de touche, de voisins silencieux qui se contentent de rester là* », énonce une pétition appelant les rescapés de la Shoah et leurs descendants à s'élever contre les « *atrocités de masse* » commises par l'armée israélienne à Gaza.

LE 7-OCTOBRE, TRISTE CHARNIÈRE

Pour d'autres, c'est l'attaque du Hamas du 7 octobre 2023 qui signe l'échec du « *Plus jamais ça* », Israël ayant échoué à prévenir le massacre. « *Israël encapsulait la formule dans un Etat, elle devait la rendre effective* », rappelle Danny Trom. « *Cette promesse sur laquelle a été créé Israël de voir une armée qui défende sa souveraineté et surtout ses civils, pour que des scènes de pogrom, de razzia, de fusillade de masse ou d'extermination ne se renouvellent pas sur la terre d'Israël* », analyse François Heilbronn, vice-président du Mémorial de la Shoah. « *Le 7-Octobre, c'est la remise en question du havre qu'était censé représenter Israël. Ça fait voler en éclats sa dimension d'Etat protecteur des juifs* », estime l'historien spécialiste de la Shoah Tal Bruttmann.

Et l'échec est double, car le « *Plus jamais ça* », qui souhaitait voir l'antisémitisme renvoyé dans les poubelles de l'histoire, fut lui aussi foulé aux pieds. Après le 7-Octobre, les actes antisémites ont explosé dans le monde. « *Nous sommes donc aujourd'hui parvenus à la fin d'un cycle : devenu un cri de ralliement affranchi du destin des juifs, puis retourné contre eux, le "Plus jamais ça" inversé en "Encore toujours" permet de cibler l'Etat d'Israël en occultant la nature du massacre du 7 octobre dernier* », estime Danny Trom. Quant aux idées violentes du rabbin d'extrême droite Meir Kahane, marginalisées à sa mort il y a trente-cinq ans, elles sont de nouveau portées par le gouvernement israélien.

Le mot d'ordre paraît s'être aussi définitivement dévitalisé en Ukraine. Après que des tirs de missiles russes, en mars 2022, ont endommagé le site de Babi Yar, où eu lieu l'un des pires massacres de la Shoah par balles, le président Volodymyr Zelensky postait ce message désespéré sur X : « *Au monde : quel est l'intérêt de dire "Plus jamais ça" pendant quatre-vingts ans si le monde reste silencieux lorsqu'une bombe tombe sur le site même de Babi Yar ? L'histoire se répète…* »

UN SLOGAN VIDÉ DE SA GRAVITÉ

L'ordre mondial construit sur ce vœu pieux se dérobe sous nos pieds, renversant les injonctions contenues dans le « *Plus jamais ça* ». Alors qu'il signifiait par le passé que l'Allemagne soutenait et intégrait les structures supranationales devant garantir la paix, qu'elle renonçait à l'idée d'une capacité indépendante à assurer la défense territoriale, et qu'elle ne livrait pas d'armes dans les zones de conflit, voilà qu'elle se prépare aujourd'hui à la guerre.

L'Allemagne a approuvé une réorganisation militaire de 100 milliards d'euros et discute de l'idée de rétablir la conscription. Elle pourrait redevenir une puissance militaire. L'impératif pour les autorités allemandes de préserver et de soutenir la paix a été réinterprété, et le « *Plus jamais ça* » s'en trouve retourné comme un gant.

Vidé de sa gravité à force d'être sans cesse invoqué, utilisé comme une mise en accusation dans le conflit au Proche-Orient, le slogan finit, selon l'essayiste américain David Rieff, auteur d'*Eloge de l'oubli* (Premier Parallèle, 2018), par ne plus signifier qu'une chose : « *Nous ne savons pas tirer de leçons de l'histoire. Finalement, nous connaissons aujourd'hui le sens de "Plus jamais ça". Cela signifie simplement : "Plus jamais les Allemands ne tueront les juifs en Europe dans les années 1940". C'est tout.* » ●

LE DEVOIR DE MÉMOIRE, PLUS QUE JAMAIS

C'est un devoir qui paraît intimement lié, contenu dans le « *Plus jamais ça* » : se souvenir. Alors que les traités de paix comportent parfois des clauses d'amnistie qui, dans un souci d'apaisement, imposaient formellement l'oubli de tous les griefs passés relatifs au conflit et interdisaient de les évoquer, l'horreur inédite de la seconde guerre mondiale inspire un autre mot d'ordre : pour que le passé ne se répète pas, il faut en cultiver le souvenir. La formule d'un « devoir de mémoire » a connu un tel succès qu'elle semble avoir toujours et partout existé. Elle évoque le procès de Nuremberg ou la « pédagogie de l'horreur » cultivée après la guerre. Pourtant, « *le terme en tant que tel n'apparaît en France que dans les années 1980, et devient vraiment une formule incontournable au*

début des années 1990 », explique Sébastien Ledoux, historien et auteur de *Vichy était-il la France ? Le Vél' d'Hiv et sa mémoire* (JC Lattès, 2025). Elle est surtout « *une construction littéraire* », qui n'a d'ailleurs pas d'équivalent dans d'autres langues. *Le Devoir de mémoire* est le titre français donné en 1995 à un ouvrage posthume de Primo Levi, reprenant un entretien accordé en 1983 à deux historiens italiens. Ce « devoir » incombe-t-il donc aux rescapés ? Est-il dû aux morts ou aux générations futures ? En fait, « *le devoir de mémoire* » suppose « *une lutte contre l'impunité des crimes autant que celle contre l'oubli* », poursuit Sébastien Ledoux. L'expression se popularise au moment des procès Touvier et Papon. « *Je fais le parallèle avec les commissions vérité-réconciliation, parce qu'on est dans cette même*

exigence de reconnaître la vérité, même si c'est l'Etat lui-même qui a commis ces crimes », explique l'historien. En ce sens, le devoir de mémoire est un devoir qui incombe aussi et surtout aux Etats. Comme le slogan « *Plus jamais ça* », l'expression va être utilisée dans d'autres contextes. Elle est employée rétrospectivement pour parler du génocide arménien ou de la première guerre mondiale. Dès la fin des années 1980, des historiens dénoncent la place et l'usage de la mémoire de la Shoah dans la société française contemporaine. Dans *Les Abus de la mémoire* (1995), Tzvetan Todorov dénonce un culte de la mémoire abusif, qui nous détourne du présent et de l'avenir. Il y écrivait : « *Le bon usage de la mémoire est celui qui sert une juste cause, non celui qui favorise simplement mes intérêts.* »

TREBLINKA, LA MÉMOIRE FRAGILE

En matière de mémoire, l'inquiétude qui a longtemps prévalu fut celle de voir l'indifférence grandir à l'égard d'une tragédie de plus en plus lointaine, dont les témoins directs s'éteignent peu à peu. *« Le véritable défi, auquel la plupart d'entre nous n'étaient pas préparés, est la déformation de l'Holocauste »*, explique l'historien polonais Jan Grabowski. Plutôt que le négationnisme – *« personne en Pologne ne peut nier la Shoah »* –, il évoque un mélange *« d'omissions, de demi-vérités toxiques et d'un manque de contexte qui nous laisse avec un récit historique profondément défectueux »*.

L'exemple de Treblinka illustre ce problème, où une stèle érigée en 2021 honore d'un même geste un Polonais tué par les nazis et *« des juifs »* assassinés, mais sans faire mention du fait qu'ils furent 900 000. Cette plaque, signée par l'Institut Pilecki, créé sous le gouvernement nationaliste du PiS (Droit et justice, parti ultraconservateur), reflète une volonté dénoncée par certains historiens de mettre en équivalence les souffrances juives et polonaises, et d'effacer la Shoah dans la martyrologie polonaise. Elle se constate aux nombreuses croix qui jonchent le site de Treblinka, un des plus grands cimetières juifs au monde. Et au déni de la participation polonaise à l'extermination. Ainsi, à mesure que l'on s'éloigne de l'événement, *« la question de la complicité polonaise dans l'Holocauste est devenue de plus en plus controversée »*, souligne l'historien. Quatre-vingts ans après la découverte des camps, la mémoire de la Shoah reste fragile.

Valentine Faure

MÉMORIAL DE TREBLINKA – Un monolithe de granit est entouré de 17 000 pierres disséminées comme autant de pierres tombales. Chacune mentionne les localités et pays d'origine des déportés.

AP

En dépit des progrès, la justice pénale internationale peine, en 2025, à s'imposer

Héritière du tribunal de Nuremberg (1945-1946), la Cour pénale internationale, créée en 1998, enquête aujourd'hui sur des crimes commis dans 14 pays ou régions, dont la Palestine, l'Ukraine, le Darfour et les Philippines. Cette justice pénale se heurte cependant aux réticences d'Etats hostiles à la criminalisation de leurs dirigeants.

PAR STÉPHANIE MAUPAS, LA HAYE, CORRESPONDANCE

Le petit avion jaune survole, à l'écran, le golfe du Bengale et se dirige vers Dubaï pour une escale de quelques heures. Nous sommes le 13 mars 2025, et des millions d'internautes suivent sur la Toile la progression du jet privé depuis qu'il a décollé de Manille. A son bord, l'ancien président philippin, Rodrigo Duterte, vole vers les Pays-Bas. Poursuivi pour des crimes contre l'humanité commis dans le cadre de la guerre qu'il a menée contre la drogue, il sera incarcéré quelques heures plus tard dans la prison de la Cour pénale internationale (CPI), à Scheveningen, banlieue balnéaire de La Haye. *Le droit international n'est pas aussi faible que certains pourraient le penser*, déclare alors le procureur de la CPI, Karim Khan. *Lorsque nous nous unissons, l'Etat de droit peut prévaloir et les mandats peuvent être exécutés.*

Une union de circonstance pour le président Ferdinand Marcos Jr, ravi d'envoyer un ex-allié désormais encombrant à 10 000 kilomètres de Manille. A l'exception d'une poignée d'entre eux, les 125 Etats membres de la CPI n'exécutent leurs obligations vis-à-vis de cette cour qu'au gré de leurs intérêts. Mais le transfèrement de l'ancien président à La Haye a fait naître un élan d'optimisme chez ceux qui, depuis l'invasion russe de l'Ukraine, le 24 février 2022, croient assister à la mort du droit international.

UNE PROMESSE FONDATRICE

Depuis la seconde guerre mondiale, il n'a sans doute jamais été aussi bafoué. En 2024, les deux cours mondiales, la Cour internationale de justice (CIJ), instance de l'ONU qui veille au respect du droit international, et la CPI, chargée de poursuivre les auteurs de crimes de masse, n'ont jamais été aussi sollicitées.

Créée en 1998, entre la chute du mur de Berlin et les attaques du 11 septembre 2001 à New York, la CPI vise à lutter contre l'impunité des auteurs de crimes de masse. Le 21 novembre 2024, elle osait, pour la première fois de son histoire, émettre un mandat d'arrêt contre un allié des Occidentaux et inculpait le premier ministre israélien, Benyamin Nétanyahou, pour « crimes contre l'humanité ».

Aucun mandat d'arrêt n'a permis d'arrêter une guerre, mais ils peuvent s'avérer bien embarrassants. Comme lorsque le premier ministre israélien a dû rejoindre Washington pour sa première visite au président Donald Trump, le 2 février 2025. L'avion *« a dû voler pendant treize heures et demie, pour un trajet qui dure normalement douze heures*, a récemment révélé l'ambassadeur d'Israël aux Etats-Unis, Yechiel Leiter, *parce qu'il ne pouvait pas atterrir n'importe où en Europe »*, si sa santé l'avait nécessité, au risque sinon *« d'être arrêté comme criminel de guerre. Il a donc dû survoler des bases de l'armée américaine ».*

La diplomatie et le soft power sont faits de petits pas. Visé, lui aussi, par un mandat d'arrêt de la CPI émis le 17 mars 2023, le président russe, Vladimir Poutine, avait dû renoncer l'été suivant à se rendre à un sommet des BRICS en Afrique du Sud. *« Nous avions dû communiquer à la Fédération de Russie que nous avions une obligation d'exécuter »* le mandat d'arrêt, a raconté le ministre adjoint des relations internationales de l'Afrique du Sud, Alvin Botes, lors d'une réunion à La Haye, le 31 janvier 2025. *« Vous comprendrez que c'était très complexe. Il y avait une indication selon laquelle toute tentative de porter atteinte au chef de l'Etat fédéral serait une déclaration de guerre. »*

Pour Benyamin Nétanyahou comme pour Vladimir Poutine, la CPI a une résonance historique toute particulière. Elle est l'héritière du tribunal de Nuremberg, qui, en 1945, a jugé les chefs du IIIe Reich. Lors de l'ouverture de ce procès, le 21 novembre 1945, le procureur américain Robert H. Jackson posait les grands principes de cette justice : *« Les méfaits que nous avons à condamner et à punir font preuve d'une telle vilenie et ont été si nuisibles que la civilisation ne pouvait se permettre de passer outre, parce qu'elle ne pourrait continuer à exister si jamais ils devaient se répéter. »* C'est la promesse fondatrice du « plus jamais ça ». Celle sur laquelle ont été érigées les institutions mondiales comme la CPI et la CIJ.

UN FRONT JUDICIAIRE

Quatre-vingts ans plus tard, la justice internationale est devenue une arme de poids pour les Etats les plus menacés. Dès les premières heures de l'invasion russe, l'Ukraine a revendiqué l'ouverture d'un *« front judiciaire »* contre Moscou. Jusqu'à l'Ukraine, l'utilisation du droit à des fins stratégiques – que les Anglo-Saxons appellent le *« lawfare »* – était bien réelle mais taboue. Les Ukrainiens ont prôné un *lawfare* décomplexé. Trois jours seulement après l'entrée des premiers chars russes, le 24 février 2022, Kiev se tournait vers la CIJ pour y dénoncer l'« agression » de Moscou. Les Ukrainiens ont usé de toute l'artillerie légale à leur disposition en saisissant notamment les deux cours. Une procureure ukrainienne avait estimé que la CIJ était à la justice ce que le Bayraktar était à la guerre. Ce drone de fabrication turque avait été utilisé contre la colonne de chars russes qui avançaient sur Kiev au début de la guerre. La CPI était comparée

> POUR NÉTANYAHOU COMME POUR POUTINE, LA CPI A UNE RÉSONANCE HISTORIQUE TOUTE PARTICULIÈRE. ELLE EST L'HÉRITIÈRE DU TRIBUNAL DE NUREMBERG, QUI, EN 1945, A JUGÉ LES CHEFS DU IIIe REICH.

CARTON ROUGE – Patrice-Edouard Ngaïssona, président de la Fédération centrafricaine de football, devant les juges de la CPI, à La Haye, aux Pays-Bas, le 25 janvier 2019. L'ancien chef de milice est soupçonné de crimes de guerre et de crimes contre l'humanité en République centrafricaine en 2013 et en 2014.

au Javelin, le missile antitank américain livré aux Ukrainiens.

Depuis quinze ans, les Palestiniens ont âprement bataillé sur ce même front judiciaire. Mais alors que les Occidentaux se sont précipités pour soutenir l'Ukraine, certains, comme le Royaume-Uni et les Etats-Unis, ont tout fait pour dissuader les Palestiniens de recourir au droit international. L'Autorité palestinienne est néanmoins parvenue à adhérer à plusieurs organisations multilatérales, à ratifier un à un les grands traités, sur le génocide, les conventions de Genève, la torture, et a réussi à consolider l'Etat de Palestine, tandis que sur le terrain la Cisjordanie se morcelait, au fil de la colonisation israélienne. En adhérant à la CPI, *« nous avons pensé que c'était une étape importante dans notre lutte pour la liberté »*, explique l'ambassadeur de la Palestine à La Haye, Ammar Hijazi, d'autant que *« nous n'avions pas réussi à concrétiser le processus de paix et le processus politique. Nous avons donc décidé que c'était la bonne voie, qui reste légale, politique et pacifique à bien des égards »*. Palestine, Ukraine, Darfour, Phi-

lippines... le procureur de la CPI enquête aujourd'hui sur les crimes commis dans 14 pays ou régions. En 2024, il a aussi demandé des mandats d'arrêt contre le chef de la junte birmane, le général Min Aung Hlaing, et le chef suprême des talibans, Haibatullah Akhundzada.

UNE POLITIQUE AMBITIEUSE MAIS FRAGILE

Une politique pénale ambitieuse, alors que, depuis vingt-deux ans, la CPI n'a condamné qu'une poignée de miliciens africains. De l'Ivoirien Laurent Gbagbo à l'ex-président soudanais Omar Al-Bachir, les dirigeants visés sont parvenus à échapper à la condamnation. Depuis sa création, cette cour a bien agité l'épouvantail de poursuites pour les crimes commis par des Occidentaux en Irak et en Afghanistan, mais n'a jamais eu le courage d'aller jusqu'au bout.

Fragile, la CPI tâtonne, enferrée dans une bureaucratie sans réformes réelles, et engoncée dans ses luttes de clans. Son procureur est la cible de sanctions des Etats-Unis pour son mandat

d'arrêt contre M. Nétanyahou. Il fait l'objet d'un mandat d'arrêt de Moscou, à l'instar de plusieurs juges de la cour.

L'arrestation de Rodrigo Duterte aura fait oublier l'échec de l'arrestation d'Osama Najim, un responsable libyen poursuivi par la CPI, arrêté le 19 janvier à Turin, mais libéré et reconduit en Libye dans un avion du gouvernement italien ! L'exécution des mandats d'arrêt a toujours été un révélateur puissant de l'engagement réel des Etats, au-delà des déclarations de principes.

De Rome à Paris, Budapest et Bucarest, des Européens, alliés historiques de la CPI, ont ouvertement dit leur réticence à exécuter le mandat d'arrêt émis contre le premier ministre israélien. *« Si nos actes ne traduisent pas notre volonté d'appliquer le droit de manière impartiale*, disait Karim Khan en requérant un mandat d'arrêt contre M. Nétanyahou, le 20 mai 2024, *si notre application du droit est perçue comme étant sélective, nous aurons contribué à son effondrement. Ce faisant, nous contribuerons au délitement des liens ténus qui nous unissent encore... »* ●

BANDUNG, CAPITALE DÉSUÈTE D'UN TIERS-MONDE UNIVERSALISTE

L'esprit de Bandung, c'est l'universel postcolonial, et non la contestation de l'ordre mondial, insiste la politiste Delphine Allès. Cette ville d'Indonésie, entrée dans l'histoire avec la conférence du même nom, en 1955, a donné naissance au mouvement des non-alignés. A l'heure du Sud global, que reste-t-il de cette troisième voie?

PAR DELPHINE ALLÈS

DELPHINE ALLÈS
Professeure des universités en science politique, vice-présidente de l'Institut national des langues et civilisations orientales et chercheuse au Centre Asie du Sud-Est, elle travaille sur le décentrement des relations internationales et la coopération multilatérale en Indo-Pacifique. Elle est l'autrice de plusieurs ouvrages, dont *Paix et sécurité. Une anthologie décentrée*, codirigé avec Sonia Le Gouriellec et Mélissa Levaillant (CNRS Editions, 2023), et de *Relations internationales*, coécrit avec Frédéric Ramel et Pierre Grosser (Armand Colin, 2023).

L e 17 août 1945, alors que Sukarno, président *[de 1945 à 1965]*, et Mohammed Hatta, vice-président, proclament, à Djakarta, l'indépendance de l'Indonésie, Bandung, ancienne cité devenue l'un des centres administratifs et militaires des Indes néerlandaises, constitue une importante ville de garnison.

Les forces japonaises, qui ont occupé l'archipel entre 1942 et 1945, y ont installé leur quartier général stratégique, transformant ce bastion colonial en foyer des aspirations indépendantistes, sous l'influence du discours antioccidental promu par l'administration nippone. Face à l'imminence de sa capitulation en 1945, cette dernière conforte le mouvement nationaliste indonésien et cherche à s'attirer ses faveurs en organisant la marche vers l'indépendance.

Bandung devient alors un centre névralgique de la résistance contre le retour des forces coloniales néerlandaises. Elle est le théâtre d'affrontements particulièrement violents en mars 1946, lorsque les combattants indonésiens incendient délibérément la partie sud de la ville plutôt que de la céder aux forces néerlandaises lors de l'opération «Bandung Lautan Api» («Bandung Mer de feu»). Ce traumatisme fondateur, à la fois sacrifice collectif et affirmation de souveraineté, constitue le baptême révolutionnaire de Bandung, conçue par Sukarno comme un laboratoire de l'identité postcoloniale de l'Indonésie. La refondation de la ville s'accompagne d'une réappropriation symbolique des espaces urbains, les références aux héros nationaux ou aux symboles révolutionnaires venant progressivement remplacer la toponymie coloniale.

L'organisation de la conférence de Bandung, en avril 1955, concrétise ce projet et fait entrer la ville dans l'histoire mondiale. Dans une atmosphère mêlant solennité et enthousiasme, l'événement réunit les représentants de 29 pays asiatiques et africains, nouvellement indépendants ou en voie de l'être, et marque l'émergence politique du tiers-monde sur la scène internationale. La photographie emblématique de Sukarno entouré de l'Indien Nehru, de l'Egyptien Nasser, du Chinois Zhou Enlai et du Ghanéen N'Krumah symbolise leur aspiration à une troisième voie au cœur de la guerre froide en marche. Bandung devient ainsi le symbole de la volonté des Etats et des peuples postcoloniaux de jouer pleinement leur rôle de sujets des relations internationales contemporaines.

LE NON-ALIGNEMENT N'EST PAS UN NON-CHOIX

L'esprit de Bandung transcende rapidement l'événement, la ville devenant le symbole pérenne de la solidarité des pays du Sud et d'une volonté d'émancipation vis-à-vis des anciennes puissances coloniales. Institutionnalisée par le mouvement des non-alignés fondé en 1961, cette mythologie politique est entretenue depuis par la rhétorique diplomatique indonésienne et celles d'autres figures du mouvement comme l'Inde, qui, par-delà les réalignements stratégiques ultérieurs, ont continuellement revendiqué leur adhésion aux principes fondamentaux du non-alignement.

Les réinterprétations successives du sens politique conféré à Bandung et au non-alignement, au fil des transformations du contexte mondial et des changements de régime, s'incarnent en Indonésie dans les actualisations du petit Musée de la conférence afro-asiatique, localisé dans le Bâtiment de l'Indépendance, où s'est tenue la conférence historique.

Placées sous le patronage du ministère des affaires étrangères, les collections de ce musée soulignent désormais l'engagement multilatéral de l'archipel et son rôle dans la résolution de conflits internationaux, insistant sur le caractère proactif d'un non-alignement qui ne saurait rester cantonné à un non-choix. Pour l'Indonésie démocratisée de l'après-Suharto (depuis 1998), les commémorations du cinquantenaire (2005) puis du soixantenaire (2015) de la conférence ont participé d'une mise en récit diplomatique visant à réaffirmer un rôle positif sur la scène mondiale, servant de socle aux aspirations internationales contemporaines de l'archipel et à ses relations avec les Etats du Sud global.

> LE MOUVEMENT RENCONTRE L'HOSTILITÉ DES PUISSANCES ÉTABLIES, INQUIÈTES DES PROXIMITÉS ÉMERGENTES ENTRE LE BLOC SOVIÉTIQUE ET LES ÉTATS POSTCOLONIAUX.

Il est néanmoins crucial, pour mesurer ce qui sépare l'esprit de Bandung des débats internationaux contemporains, de revenir aux dix principes adoptés à l'issue de la conférence de 1955. Ces derniers, qui constituent la matrice doctrinale de ce qui deviendra en 1961 le mouvement des non-alignés, sont notamment révélateurs par le décalage entre leur contenu réel et leurs perceptions rétrospectives – soulignant l'intérêt de réhabiliter aujourd'hui leur sens et leur portée originelle.

NI ALTERNATIF NI RÉVOLUTIONNAIRE

Alors que le moment Bandung a été souvent interprété comme le point de départ de conceptions contestataires de l'ordre mondial, on l'a rapidement réduit à sa charge subversive. Cette lecture occulte l'aspiration à

SOLENNITÉ – Le Centre de conférences de Bandung, en avril 1955. Les représentants de 29 pays asiatiques et africains sont réunis.

l'universel que portait fondamentalement Bandung en affirmant l'adhésion des nouveaux Etats postcoloniaux aux principes fondés en 1945 par la Charte de l'ONU.

Les principes de Bandung en appelaient pourtant rigoureusement à la mise en œuvre des fondements mêmes de l'ordre international et multilatéral post-1945 : respect des droits humains et de la Charte des Nations unies, respect de la souveraineté et de l'intégrité territoriale de toutes les nations, règlement pacifique des différends, égalité des races et des nations – tous affirmés comme clés de voûte d'un ordre mondial rejetant la logique de blocs, mais adhérant aux principes universels avancés par la Charte des Nations unies. La troisième voie de Bandung était en cela un appel à l'inclusion de tous les acteurs du système international – une déclaration de défiance à l'égard de la pratique oligarchique en train de s'instaurer dans le contexte de guerre froide, mais d'adhésion aux normes énoncées dans la formule par la Charte de 1945. Loin de prôner un ordre mondial révolutionnaire, alternatif ou différentialiste, loin de tout

repli politique, culturel ou civilisationniste, Bandung souligne ainsi rétrospectivement l'absence d'automaticité de l'opposition entre Sud global et ordre international libéral.

UNE NOUVELLE BOUSSOLE

L'incompréhension qui entoure l'esprit de Bandung procède en large partie de la méfiance des puissances établies vis-à-vis des nouveaux entrants, et de leur préférence affichée pour les rapports de cooptation plutôt que de coopération. Les aspirations légitimes portées par la conférence de 1955 se sont ainsi rapidement heurtées à la réalité d'un ordre international marqué par des asymétries persistantes. Le mouvement naissant rencontre ainsi le scepticisme, voire l'hostilité des puissances établies, notamment des Etats-Unis, inquiets des proximités émergentes entre le bloc soviétique et les Etats postcoloniaux, et préférant à ce titre disqualifier les initiatives autonomes plutôt qu'accompagner leurs aspirations.

En reléguant l'esprit de Bandung à un agenda contestataire, alors qu'il revendiquait fondamentalement la

mise en œuvre des promesses de la souveraineté, cette logique a contraint les acteurs les moins dotés à choisir leur camp ou à contester, au lieu d'accompagner leurs aspirations à participer à la définition de l'ordre mondial – constituant sans doute l'une des erreurs stratégiques majeures des puissances occidentales au XXe siècle.

La trajectoire de Bandung, ville moyenne devenue un bastion de résistance, puis un symbole politique mondial, offre ainsi une fenêtre sur les reconfigurations du monde post-1945, au prisme de l'entrelacement des imaginaires émancipateurs puis des contraintes politiques et matérielles qui en ont entravé les espoirs.

La relecture de l'esprit de Bandung et de ses réinterprétations devrait à ce titre occuper une place importante dans toute généalogie critique de la période post-1945. Les principes dont il était porteur mériteraient également d'être réexaminés pour ce qu'ils étaient, à l'heure où le monde doit se doter d'une nouvelle boussole normative qui ne pourra, cette fois, faire l'économie d'une véritable intégration des Etats postcoloniaux. ●

LA GUERRE N'A PAS DISPARU, ELLE S'ADAPTE ET ELLE MUE

Depuis la fin de la guerre froide, la diplomatie, les sanctions économiques et les institutions internationales ont joué un rôle prépondérant dans la gestion et les résolutions des conflits. Pourtant, malgré ces efforts, la guerre demeure et connaît une évolution significative en matière de formes et de modalités.

PAR OLIVIER SCHMITT

OLIVIER SCHMITT
Professeur à l'Institut des opérations militaires (Collège royal de défense danois). Ses travaux portent sur les politiques de défense, la sécurité économique et les formes contemporaines de la guerre.
Dernier ouvrage paru : *Préparer la guerre. Stratégie, innovation et puissance militaire à l'époque contemporaine* (PUF, 2024).

Selon les données du Peace Research Institute Oslo, les guerres civiles ont connu une augmentation marquée dans les années 1990 et 2000, avant de diminuer progressivement après 2012. Parallèlement, les guerres interétatiques – c'est-à-dire opposant directement des Etats – ont connu une baisse significative après la guerre froide, atteignant un niveau historiquement bas dans les années 2000, avant de connaître un regain préoccupant à partir des années 2010.

Ce retour de la guerre interétatique s'illustre par plusieurs conflits récents : par exemple, la guerre en Ukraine depuis 2014 (et son intensification en 2022), ou l'affrontement entre l'Arménie et l'Azerbaïdjan autour du Haut-Karabakh. Cette tendance a culminé en 2023, traduisant une transformation du paysage sécuritaire mondial.

De son côté, la répartition géographique des conflits interétatiques et intra-étatiques montre une superposition de plusieurs dynamiques de conflit. L'instabilité en Afrique subsaharienne est souvent liée à des guerres civiles (comme au Soudan), mais certains conflits prennent une dimension interétatique, comme la guerre entre l'Ethiopie et l'Erythrée ou le soutien apporté par le Rwanda aux rebelles congolais. A ces enjeux s'ajoute la montée de mouvements djihadistes capitalisant sur le désarroi de populations locales, au Sahel comme en Afrique subsaharienne *(voir p. 84)*.

En Asie, la montée en puissance de la Chine et la multiplication des revendications territoriales en mer de Chine méridionale exacerbent les tensions interétatiques, notamment avec Taïwan, le Vietnam et les Philippines. La modernisation de l'Armée populaire de libération est extrêmement rapide, ce qui inquiète un certain nombre de voisins de Pékin.

LA CONQUÊTE EST DE RETOUR

Le Moyen-Orient reste un foyer de conflits majeurs, avec notamment les guerres en Syrie et au Yémen, les tensions entre l'Iran et Israël, et la guerre à Gaza. Là aussi, différents niveaux de conflictualité s'entremêlent, et les risques de guerre interétatique semblent augmenter. Enfin, le continent européen a été marqué, dans les années 1990, par la succession de guerres civiles liées à la disparition de l'ex-Yougoslavie ou de l'URSS.

Mais la décennie 2010 marque le retour de la guerre interétatique, en Ukraine depuis 2014 et entre l'Azerbaïdjan et l'Arménie. En particulier, on assiste à l'effacement d'un tabou politique majeur qui avait structuré l'ordre international à la fin de la seconde guerre mondiale : la condamnation de la guerre de conquête. Bakou n'a pas particulièrement été condamné pour son invasion du Haut-Karabakh, et Moscou semble sur le point de faire accepter son annexion de territoires ukrainiens, démontrant que «la guerre paie». Il est à craindre que cette leçon soit bien retenue par les élites russes et qu'elles ne s'arrêtent pas au Donbass.

> BAKOU N'A PAS ÉTÉ CONDAMNÉ POUR SON INVASION DU HAUT-KARABAKH, ET MOSCOU SEMBLE SUR LE POINT DE FAIRE ACCEPTER SON ANNEXION DE TERRITOIRES UKRAINIENS, DÉMONTRANT QUE « LA GUERRE PAIE ».

Comment expliquer ce retour de la guerre interétatique ? La disparition de l'Union soviétique, en 1991, a marqué un tournant majeur dans l'histoire des relations internationales en mettant fin au système bipolaire : l'absence d'un cadre global de stabilité a conduit à une fragmentation des sphères d'influence, favorisant ainsi des rivalités régionales et des guerres locales qui allaient redéfinir la géopolitique mondiale.

LES NOUVELLES TECHNOLOGIES SUR LE CHAMP DE BATAILLE

L'évolution technologique transforme profondément la conduite des guerres contemporaines. Les conflits modernes intègrent désormais des innovations telles que les drones ou l'intelligence artificielle (IA), modifiant à la fois les pratiques militaires et la configuration du champ de bataille. Ces technologies ne remplacent pas des capacités existantes mais s'y ajoutent, contribuant à augmenter leur efficacité. Les drones militaires sont devenus des outils incontournables, offrant des capacités de reconnaissance et de frappe à faible coût. Utilisés massivement dans des conflits comme en Ukraine ou dans le Haut-Karabakh, ils permettent de surveiller l'ennemi et de mener des attaques ciblées, tout en réduisant l'exposition des opérateurs. Ils contribuent à une saturation et à une forme de transparence du champ de bataille, dont ils participent à augmenter drastiquement la létalité. L'IA accélère encore cette transformation. Grâce à elle, les armées peuvent en principe analyser d'énormes quantités de données, améliorer la précision des armes et automatiser des systèmes de défense. Les algorithmes d'aide à la décision permettent d'optimiser les opérations militaires, tandis que l'IA intégrée aux drones et aux robots ouvre la voie à des engagements de plus en plus automatisés. Si ces technologies offrent un avantage stratégique indéniable, elles posent aussi des défis éthiques. L'autonomie croissante des systèmes militaires soulève la question du contrôle humain sur l'usage de la force et des risques d'escalade incontrôlée. En pratique, il est probable que l'efficacité tactique l'emportera bien souvent sur l'enjeu moral. En outre, ces technologies sont comparativement peu chères, ce qui favorise leur large diffusion internationale : elles n'ont pas vocation à être réservées à une poignée d'Etats mais sont, au contraire, adoptées par de nombreux acteurs étatiques comme non étatiques. Elles contribuent ainsi à une forme de démocratisation des moyens de destruction.

Face à l'augmentation des conflits intra-étatiques et des guerres civiles après la fin de la guerre froide, la communauté internationale, sous l'égide des Nations unies, a renforcé son engagement en faveur du maintien de la paix. Les années 1990 ont vu une multiplication des missions des casques bleus, avec des interventions majeures en ex-Yougoslavie, au Rwanda, en Somalie et au Timor oriental. Ces opérations visaient à stabiliser les zones de conflit, à protéger les populations civiles et à empêcher de nouvelles escalades de violence. Cependant, ces interventions ont montré des limites importantes. L'Organisation des Nations unies et d'autres organisations internationales ont souvent été confrontées à un manque de moyens, à des mandats restrictifs et à l'incapacité d'imposer la paix dans des contextes où les belligérants restaient déterminés à poursuivre la guerre.

LE DÉVELOPPEMENT DE LA CYBERGUERRE

Les attentats du 11 septembre 2001 ont marqué un tournant majeur dans la stratégie militaire des Etats-Unis et de leurs alliés, donnant naissance à la « guerre contre le terrorisme ». Ce paradigme a conduit à des interventions militaires d'envergure, notamment en Afghanistan (2001) et en Irak (2003), dans le but déclaré d'éliminer les menaces terroristes et d'instaurer des régimes démocratiques dans ces pays. Cependant, ces interventions ont souvent eu des effets déstabilisateurs. En Irak, le renversement de Saddam Hussein a plongé le pays dans un chaos prolongé, favorisant l'émergence de groupes armés radicaux, dont l'Etat islamique. De même, l'intervention militaire en Libye, en 2011, qui a conduit à la chute de Mouammar Kadhafi, a laissé place à une fragmentation du pays et à la montée de milices incontrôlables.

Alors que les années 1990 et 2000 ont été marquées par une prédominance des conflits intra-étatiques, les années 2010 ont vu une montée des tensions correspondant au retour des grandes puissances. L'annexion de la Crimée par la Russie, en 2014, et la guerre en Ukraine, depuis 2022, illustrent ce basculement, de même que les tensions en mer de Chine méridionale, où Pékin affirme de plus en plus ses revendications territoriales face aux Etats-Unis et à leurs alliés.

Ce retour de la guerre interétatique ne signifie pas la fin des guerres civiles,

mais il reflète un changement stratégique majeur : les grandes puissances ne se contentent plus d'exercer leur influence par des interventions indirectes, mais sont prêtes à utiliser la force militaire pour défendre leurs intérêts territoriaux et stratégiques.

A la fin de la guerre froide, les Etats-Unis et leurs alliés jouissaient d'une supériorité militaire écrasante, notamment grâce à leur puissance aérienne, à leur maîtrise des technologies de renseignement et à leur réseau d'alliances. Cette supériorité a encouragé des stratégies de mise à distance du combat : utilisation de drones pour les frappes ciblées, recours aux forces spéciales, et développement de la cyberguerre. Ces approches ont permis aux Etats-Unis et à leurs alliés de limiter les pertes humaines tout en projetant leur puissance.

UNE DYNAMIQUE INQUIÉTANTE

Face à cette hégémonie, des acteurs ont développé des stratégies de contournement : des groupes comme Al-Qaida et l'Etat islamique ont opté pour des attaques terroristes et une guerre de guérilla pour affaiblir les forces occidentales, tandis que la Russie et la Chine ont développé des stratégies visant à affaiblir les démocraties occidentales, en utilisant des campagnes de désinformation, des cyberattaques et des guerres hybrides. Toutefois, ces stratégies de contournement se sont accompagnées de stratégies de renforcement des capacités conventionnelles, Pékin comme Moscou cherchant explicitement à

LA RUSSIE ET LA CHINE ONT DÉVELOPPÉ DES STRATÉGIES VISANT À AFFAIBLIR LES DÉMOCRATIES, EN UTILISANT DES CAMPAGNES DE DÉSINFORMATION, DES CYBERATTAQUES ET DES GUERRES HYBRIDES.

contrer les avantages militaires occidentaux. De fait, depuis la fin de la guerre froide, les pays occidentaux ont fondamentalement utilisé leur force militaire dans des opérations de « police internationale » visant à réduire des risques tels que le terrorisme ou la piraterie. Cette approche trouve ses limites avec le retour des risques de guerre interétatique.

Loin d'appartenir au passé, la guerre s'adapte aux transformations du système international et aux progrès technologiques. La montée en puissance des conflits interétatiques et l'affaiblissement des institutions internationales posent la question d'un retour à une époque où la guerre était un moyen assumé de règlement des différends. Ce constat laisse entrevoir un monde où les grandes puissances pourraient être tentées d'imiter les stratégies de force qui se sont révélées payantes pour certains acteurs. Si cette dynamique se poursuit, les prochaines décennies risquent d'être marquées par un retour en force des affrontements interétatiques à grande échelle. ●

UN MONDE QUI SE RÉARME

En 2024, les dépenses mondiales de défense ont atteint 2460 milliards de dollars, en hausse pour la neuvième année d'affilée, cette hausse touchant toutes les régions du monde. La Russie, en particulier, a vu son budget militaire exploser, augmentant de 41,9 % pour atteindre 145,9 milliards de dollars : en parité de pouvoir d'achat, la Russie dépense désormais plus pour sa défense que tous les pays européens cumulés.

La Chine poursuit sa montée en puissance avec une hausse de 7,4 %, contre 3,9 % pour la moyenne régionale. Face à ces tendances, l'Europe tente de combler son retard. Depuis 1991, en valeur réelle, le produit intérieur brut (PIB) des pays européens a augmenté de 50 %, et les dépenses sociales de 100 %, tandis que les dépenses militaires sont restées stables (leur part relative dans le PIB diminuant en proportion de la croissance de celui-ci). Les pays européens ont ainsi accumulé un sous-investissement en équipements d'environ 550 milliards d'euros, soit 4 % du PIB du bloc. Cette faiblesse est exacerbée par la fragmentation des 27 armées européennes, qui privilégient des équipements et des processus d'achat disparates. En 2014, les

Etats membres de l'Union européenne (UE) consacraient moins de 1,4 % de leur PIB à la défense, un montant inférieur à leurs dépenses en alcool et en tabac. Bien que les budgets militaires aient progressé depuis, ce n'est qu'en 2024 que la plupart des pays européens ont enfin atteint la cible des 2 % fixée par l'OTAN, un seuil désormais dérisoire face à l'effort massif de la Russie, qui consacre plus de 8 % de son PIB à la défense. Face à la menace très réelle d'une agression russe contre un pays membre de l'UE dans les cinq ans qui viennent, l'enjeu de la hausse des budgets de défense est critique.

LA GUERRE CONJUGUÉE AU PRÉSENT

La répartition géographique des conflits montre notamment l'instabilité en Afrique subsaharienne, souvent liée à des guerres civiles. A partir de la décennie 2010, la conflictualité est cependant marquée par le retour de la guerre interétatique en Afrique et en Europe.

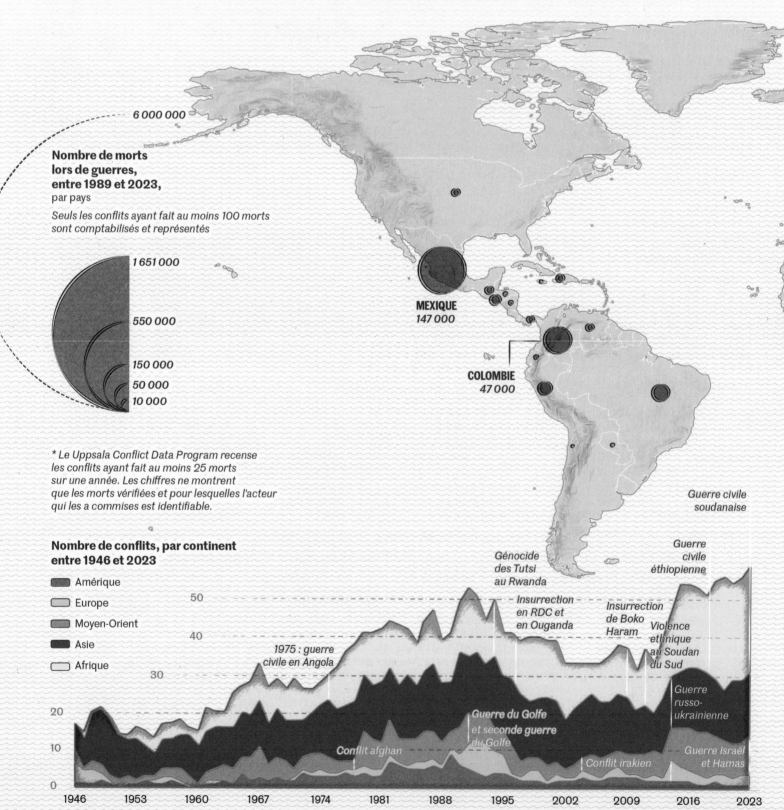

Nombre de morts lors de guerres, entre 1989 et 2023, par pays

Seuls les conflits ayant fait au moins 100 morts sont comptabilisés et représentés

1 651 000
550 000
150 000
50 000
10 000

6 000 000

MEXIQUE 147 000

COLOMBIE 47 000

* Le Uppsala Conflict Data Program recense les conflits ayant fait au moins 25 morts sur une année. Les chiffres ne montrent que les morts vérifiées et pour lesquelles l'acteur qui les a commises est identifiable.

Nombre de conflits, par continent entre 1946 et 2023

- Amérique
- Europe
- Moyen-Orient
- Asie
- Afrique

Guerre civile soudanaise

Guerre civile éthiopienne

Génocide des Tutsi au Rwanda

Insurrection en RDC et en Ouganda

Insurrection de Boko Haram

Violence ethnique au Soudan du Sud

1975 : guerre civile en Angola

Guerre du Golfe et seconde guerre du Golfe

Guerre russo-ukrainienne

Conflit afghan

Conflit irakien

Guerre Israël et Hamas

50
40
30
20
10
0

1946 1953 1960 1967 1974 1981 1988 1995 2002 2009 2016 2023

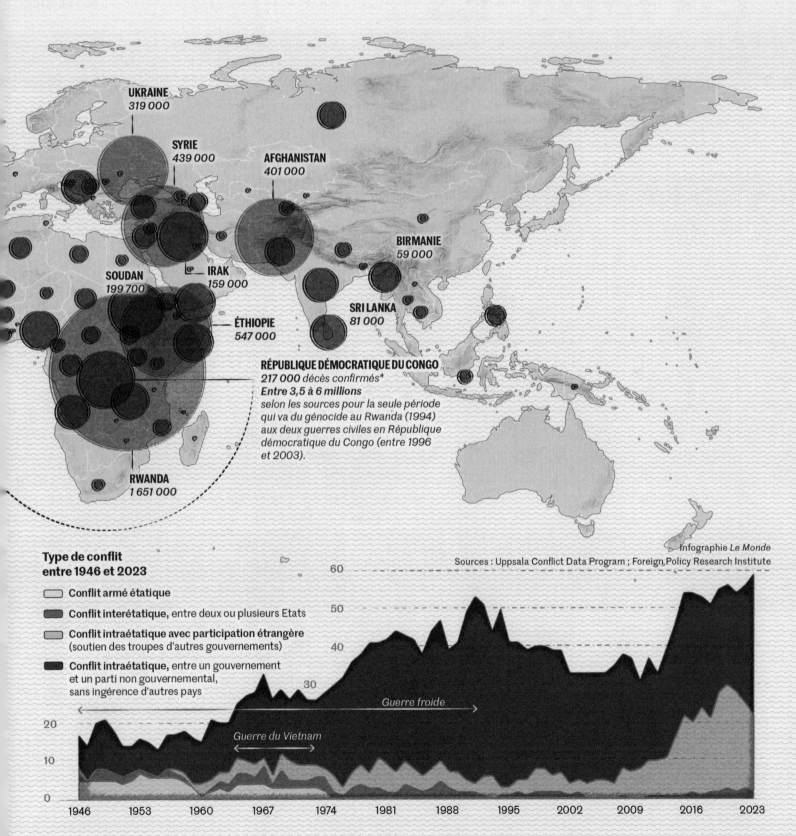

UKRAINE
319 000

SYRIE
439 000

AFGHANISTAN
401 000

BIRMANIE
59 000

SOUDAN
199 700

IRAK
159 000

ÉTHIOPIE
547 000

SRI LANKA
81 000

RÉPUBLIQUE DÉMOCRATIQUE DU CONGO
217 000 décès confirmés*
Entre 3,5 à 6 millions
*selon les sources pour la seule période
qui va du génocide au Rwanda (1994)
aux deux guerres civiles en République
démocratique du Congo (entre 1996
et 2003).*

RWANDA
1 651 000

Infographie *Le Monde*
Sources : Uppsala Conflict Data Program ; Foreign Policy Research Institute

**Type de conflit
entre 1946 et 2023**

Conflit armé étatique

Conflit interétatique, entre deux ou plusieurs Etats

Conflit intraétatique avec participation étrangère
(soutien des troupes d'autres gouvernements)

Conflit intraétatique, entre un gouvernement
et un parti non gouvernemental,
sans ingérence d'autres pays

Guerre froide

Guerre du Vietnam

1946   1953   1960   1967   1974   1981   1988   1995   2002   2009   2016   2023

LA PAIX EN IMAGES

LE NŒUD – *The Knotted Gun*, du sculpteur suédois Carl Fredrik Reuterswärd, a été offert en 1988 au siège de l'Organisation des Nations unies, à New York, par le gouvernement du Luxembourg. Symbole de non-violence, l'œuvre, un Colt Python 357, dont le canon est noué, a été inspirée à l'artiste à la suite de l'assassinat de John Lennon, en 1980.

ENTRETIEN AVEC LAURENT MARTIN

« La culture est instrumentalisée pour nouer des liens commerciaux, politiques ou militaires »

Si le préambule de l'Acte constitutif de l'Unesco en 1945 stipule que la culture doit être mise au service de la paix, l'art compte aujourd'hui parmi les outils de la « diplomatie d'influence », note l'historien Laurent Martin, spécialiste de géopolitique de la culture.

PROPOS RECUEILLIS PAR CATHY REMY

Quel rôle l'art joue-t-il dans la paix de 1945 ?
Les artistes célèbrent le retour de la paix dans une atmosphère relativement consensuelle. Cependant, les divisions idéologiques réapparaissent au grand jour vers 1948-1949, en particulier le grand clivage qui sépare le camp communiste des camps atlantiste et neutraliste. L'artiste emblématique de cette période est Picasso, encarté au Parti communiste français (PCF) depuis 1944, qui reprend le symbole de la colombe pour figurer la paix en 1949, pour le Congrès mondial des partisans de la paix, contrôlé par les communistes.

Peut-on considérer la culture comme un instrument de pacification après 1945 ou perpétue-t-elle au contraire les tensions idéologiques ?
Durant la guerre froide, les camps en présence se réclament tous de la paix et voient dans l'adversaire idéologique le fauteur de guerre. Les artistes sont sommés de choisir leur camp, et l'art est mis au service des intérêts nationaux. C'est très clair dans le cas du réalisme socialiste soviétique, mais ça l'est aussi, quoique de façon moins coercitive, dans le cas des Etats-Unis, qui promeuvent notamment l'expressionnisme abstrait ou le jazz comme illustrations du climat de liberté qui règne dans ce pays « leader du monde libre », et ce alors même que les peintres ou les musiciens peuvent avoir des opinions critiques à l'égard du capitalisme ou du racisme. Soutenus financièrement par le département d'Etat, par l'Agence d'information des Etats-Unis, voire par la CIA (pour passer outre le veto du Congrès, qui n'approuve guère le financement public de la culture), les expositions, les tournées et les concerts de ces artistes plaident pour l'excellence du modèle américain. En France, le PCF met volontiers en avant les artistes qui le rejoignent ou qui sont ses « compagnons de route » : Yves Montand, Simone Signoret, Paul Eluard, Pablo Picasso et bien d'autres sont présentés comme des artistes progressistes qui militent pour la paix, le progrès, l'égalité entre les hommes.

Quels sont les impacts de l'engagement des artistes et des intellectuels sur la mémoire collective et la reconstruction après les conflits ?
En 1945 et dans les années qui suivent, l'engagement est à la mode parmi les artistes et les intellectuels français. Jean-Paul Sartre théorise cette nécessité pour l'intellectuel de s'engager, même si les modalités de cet engagement seront fortement discutées, par Albert Camus ou par François Mauriac notamment. Mais le pacifisme intégral, incarné durant l'entre-deux-guerres par un Giono ou par un Martin du Gard, est passé de mode, déconsidéré par le ralliement à la collaboration de nombre d'intellectuels ayant professé ces thèses et surtout par la conscience de l'impasse de cette position de principe.
Par ailleurs, le public, en particulier la jeunesse, veut rattraper le temps perdu et s'amuser ; c'est le temps des caves de Saint-Germain-des-Prés, de l'existentialisme, de la redécouverte du cinéma américain, banni des écrans français pendant quatre ans... En Allemagne, à la même époque, on parle de « littérature des ruines » ou « littérature de l'heure zéro » pour désigner les écrivains qui tentent de rendre compte de la réalité d'un pays dévasté par la guerre. Certains tâtonnent à la recherche d'un renouveau spirituel, à l'image d'un Ernst Wiechert (*Missa sine nomine*, 1950) ou, en France, d'un Raymond Abellio (*Heureux les pacifiques*, 1946).

Comment la frontière entre propagande et communication s'est-elle transformée dans les régimes démocratiques après la seconde guerre mondiale ?
A l'origine, « propagande » est un terme neutre qui désigne la propagation de la foi chrétienne, et singulièrement catholique. L'usage de la propagande par les totalitarismes des années 1920 aux années 1940 discrédite complètement ce terme. Il est remplacé par « communication » ou par ce que les Américains appellent la « diplomatie publique ». C'est un terme utilisé par le président Woodrow Wilson, au lendemain de la première guerre mondiale, pour exprimer l'idée que la diplomatie ne devait plus se faire secrètement mais au grand jour, devant les opinions publiques.
Ce terme est repris dans les années 1960 pour indiquer que l'influence des Etats passe par une communication de masse. A partir de ce moment-là, on va opposer une diplomatie publique, qui est souvent une diplomatie de crise utilisant les médias sur une temporalité brève, à une diplomatie culturelle à plus long terme et qui passe davantage par des échanges artistiques. Le cas emblématique est l'exposition de *La Joconde* aux Etats-Unis au début des années 1960, grande opération de communication du ministre André Malraux et du général de

LAURENT MARTIN
Professeur d'histoire à l'université Sorbonne-Nouvelle, où il codirige le master de géopolitique de l'art et de la culture. Il a notamment publié, avec François Chaubet, Charlotte Faucher et Nicolas Peyre, *Histoire(s) de la diplomatie culturelle française* (L'Attribut, 2024).

Gaulle. On utilise la culture pour créer des liens d'amitié, instaurer un climat de confiance, afin ensuite de défendre des intérêts plus directement politiques ou économiques. La diplomatie publique ou la communication utilise les médias de masse. C'est ce que vont faire par exemple les Américains en Allemagne avec Radio Free Europe ou Voice of America, qui vont diffuser du jazz ou du rock et de la pop en même temps que des messages plus politiques à destination du public de l'autre côté du rideau de fer. On peut considérer la diplomatie publique comme une forme modernisée de la propagande.

Quel rôle jouent les organisations internationales comme l'Unesco ? Comment étendre les pouvoirs pour sauvegarder le patrimoine mondial ?

Tout le système onusien, dont l'Unesco fait partie, a été mis en place au lendemain de la seconde guerre mondiale pour empêcher le retour de la guerre. L'organisation est plus particulièrement chargée de la science, de la culture et de l'éducation. *« Les guerres prenant naissance dans l'esprit des hommes, c'est dans l'esprit des hommes que doivent être élevées les défenses de la paix »*, stipule le préambule de l'Acte constitutif. De là des programmes qui visent à améliorer la compréhension mutuelle.

Mais, comme les autres agences de l'ONU, l'Unesco est le théâtre de rivalités nationales, notamment dans l'établissement de la liste des sites et monuments dignes d'être protégés au titre du Patrimoine mondial de l'humanité. Enjeux de prestige mais aussi de développement économique, ces sites sont établis au terme de batailles feutrées mais féroces entre les représentants des Etats. Pour rééquilibrer quelque peu les rapports entre des pays riches en patrimoine bâti et d'autres qui l'étaient moins, la notion de Patrimoine culturel immatériel a été introduite au tournant du XXIᵉ siècle.

Quels sont les enjeux liés à l'utilisation de la culture comme un outil de pouvoir dans les relations internationales ?

Dans une certaine conception de la diplomatie culturelle, l'action culturelle doit être désintéressée, sans usage directement politique. Si la France est restée assez fidèle à cette ambition, l'agressivité croissante des acteurs sur la scène internationale l'a poussée à rompre avec un certain angélisme et à instrumentaliser à son tour la culture pour nouer des liens commerciaux, politiques ou militaires – c'est la notion de « diplomatie d'influence ». Mais, pour citer Joseph Nye (à propos de la notion, qu'il a théorisée, de soft power), la meilleure propagande, c'est celle qui n'apparaît pas comme propagande. Le soft power qui marche, c'est celui qui n'est pas instrumentalisé par le pouvoir politique. John Ford ou d'autres cinéastes qui ont réalisé des films sur la conquête de l'Ouest n'avaient pas besoin d'être enrôlés par le gouvernement pour chanter la gloire des pionniers, puisqu'ils étaient à l'unisson d'une population qui considérait majoritairement que la façon dont les Etats-Unis avaient été fondés était légitime. Le paradoxe est que même les critiques adressées au modèle américain par les réalisateurs du Nouvel Hollywood, des personnes comme Robert Altman ou Arthur Penn, ont renforcé la fascination pour les Etats-Unis, ont renforcé son soft power.

En quoi les processus de décolonisation ont-ils redéfini les stratégies de diplomatie culturelle ?

Il faut d'abord rappeler qu'il y a eu plusieurs types de décolonisation. Certaines relativement pacifiques, comme en Inde, grâce au mouvement non violent de Gandhi. D'autres très violentes, comme en Algérie. Dans tous les cas, la relation entre pays colonisateur et pays colonisé a dû être redéfinie selon des modalités variées. Dans le cas de la France et de l'Algérie, par exemple, la rupture, brutale, débouche néanmoins, dès la signature des accords d'Evian en 1962, sur le maintien de liens, notamment avec l'envoi d'enseignants coopérants. Dans certains pays d'Afrique noire, la France a essayé de maintenir des liens privilégiés avec des leaders qui, tel Léopold Sédar Senghor, par exemple, considéraient la culture française comme un acquis de la période coloniale qui devait être préservé.

D'autres pays ont fait le choix de renouer avec leurs racines, recherchant une forme de culture précoloniale. Mais quelles que soient les options retenues, les liens culturels sont restés très forts, ne serait-ce que par le biais de l'immigration et des moyens de communication modernes. Ceux-ci ont favorisé la constitution de communautés transnationales, de diasporas qui sont autant d'identités à trait d'union, selon l'expression du sociologue Stuart Hall. Le dialogue des cultures, prôné notamment par l'Unesco, est une notion très ambiguë, parce qu'elle suppose qu'il y a des cultures homogènes, étanches, qui dialoguent les unes avec les autres. Mais ce n'est pas le cas. Les cultures, comme les individus, sont composites.

> « LE GRAND ART VIT DE RÉSISTER AUX CONTRAINTES QUI LUI SONT IMPOSÉES. BOULGAKOV AURAIT PEUT-ÊTRE ÉTÉ MOINS GRAND SANS STALINE. »

La fin de la guerre froide, entre 1989 et 1991 avec la chute de l'Union soviétique, a-t-elle entraîné un regain de création culturelle ?

Incontestablement, un vent de liberté a soufflé sur ces pays libérés du joug soviétique. Des artistes ont pu s'exprimer, voyager, créer plus librement qu'auparavant. Mais il ne faut pas minimiser les effets négatifs de ce changement très rapide. D'une part, beaucoup d'artistes qui vivaient des subventions d'Etat ont perdu du jour au lendemain leurs moyens de subsistance. L'ensemble du système qui permettait une vie culturelle intense, quoique surveillée, s'est effondré, et il a fallu s'habituer à d'autres logiques, d'autres circuits de financement. D'autre part, si l'on suit le raisonnement développé par George Steiner dans plusieurs de ses travaux, le grand art vit de résister aux contraintes qui lui sont imposées. Boulgakov aurait peut-être été moins grand sans Staline. Il y a eu en tout cas une forme de désenchantement qui a régné dans une partie du monde artistique et culturel est-européen après la chute du Mur.

Les nouvelles technologies et les réseaux sociaux transforment-ils les dynamiques traditionnelles de la diplomatie culturelle ?

Les artistes ont vu avec méfiance la montée en puissance des plateformes de streaming et la dématérialisation des supports de diffusion. La question de la juste rémunération des droits d'auteur se pose avec insistance, tout particulièrement dans le cas de l'industrie de la musique enregistrée. L'arrivée de l'intelligence artificielle générative pose d'autres problèmes. Les artistes craignent de se voir tout bonnement remplacés par leurs doubles numériques, les nouvelles technologies permettant de recycler presque à l'infini et à moindre coût les stocks de sons, de mots, d'images…, sans parler des possibilités accrues de désinformation, de manipulation, etc. La diplomatie culturelle tente de s'adapter à cette nouvelle donne. Du côté français, la défense du droit d'auteur est érigée en cause nationale et portée par la diplomatie française dans les enceintes multilatérales. Mais cette diplomatie tente aussi d'utiliser les nouveaux outils à sa disposition pour démultiplier les canaux de diffusion et toucher un public jeune. C'est un enjeu majeur pour les années à venir. ●

«URANUS» – La chronique d'un village français en 1945, d'après un roman de Marcel Aymé, film réalisé par Claude Berri (1990).

LA PAIX, UN ANGLE MORT DU CINÉMA

Filmer la guerre, les batailles, les morts, c'est la grande affaire du cinéma. Mais la paix, est-ce un sujet de film ? Hiroshima, Berlin et l'Allemagne en ruine ou la France de l'épuration : le cinéma tourne autour de la paix sans la célébrer jamais.

PAR THOMAS DOUSTALY

Dès 1939, et plus encore après 1945, la seconde guerre mondiale est le sujet ou le décor d'un nombre incalculable de films, réalisés dans tous les pays belligérants, et spécifiquement les grandes patries de cinéma : la France, les Etats-Unis, l'Union soviétique, l'Italie, l'Allemagne et le Japon. Chefs-d'œuvre – il faut citer *Shoah*, de Claude Lanzmann (1985), *L'Armée des ombres*, de Jean-Pierre Melville (1969), ou *Le Dernier Métro*, de François Truffaut (1980) –, comédies géniales – les deux *To Be or Not to Be*, celui d'Ernst Lubitsch (1942) et la version produite par Mel Brooks (1983), mais aussi *La Grande Vadrouille*, de Gérard Oury (1966), ou *Papy fait de la résistance*, de Jean-Marie Poiré (1983) – ou drames – *Rome, ville ouverte*, de Roberto Rossellini (1945), *Le Temps d'aimer et le Temps de mourir*, de Douglas Sirk (1958), ou *La Liste de Schindler*, de Steven Spielberg (1993) –, la filmographie est aussi foisonnante que diverse. Pourtant, l'année 1945 n'est pas à elle seule un vrai sujet de cinéma, et surtout pas le 8 mai 1945 – la victoire des Alliés, qui marque la fin du conflit en Europe –, ni la capitulation du Japon, le 2 septembre suivant.

Rares sont les films dont le scénario situe la totalité de l'action en 1945 : *Uranus*, de Claude Berri (1990), avec son carton d'ouverture qui indique *«Printemps 1945»* en est un ; mais *La Chute*, d'Oliver Hirschbiegel (2004), un portrait d'Hitler et de ses derniers soutiens enfermés dans le *Führerbunker* entre le 20 et le 30 avril 1945, présente un préambule fictionnel en 1942, et deux séquences documentaires. Enfin, la mode des films de décombres – *Trümmerfilmen* en allemand – s'étale de 1945 à la guerre froide, sans que la date de l'action de chaque œuvre soit précisée avec minutie, tant il s'agit ici d'un temps long – souvent Berlin avant et pendant sa reconstruction –, sans repères historiques précis et plutôt caractérisé par la vie quotidienne : la faim, la promiscuité des logements, les trafics.

FICTION IMPOSSIBLE

Troisième volet de la «trilogie antifasciste» fondatrice du néoréalisme italien – après *Rome, ville ouverte*, en 1945, et *Païsa*, l'année suivante –, *Allemagne année zéro*, de Roberto Rossellini, sort en 1948. Un carton indique que le film *«ne prétend ni au réquisitoire ni au plaidoyer. C'est un simple témoignage»*. Mais rien sur la date exacte de l'action. On pourrait arguer que tout est dans le titre, une allusion à l'expression «Stunde Null» – «l'heure zéro» en allemand –, qui décrit précisément l'état de l'Allemagne le 8 mai 1945. Mais si les plans prodigieux qui ouvrent et ferment le film – les ruines seules d'abord, puis la déambulation d'un enfant perdu dans les décombres – sont dénués de repères temporels et peuvent donc se rattacher à 1945, le reste de l'action – la vie dans l'appartement partagé, la rue grouillante de piétons en costume, de voitures et de tramways, et même la police déjà organisée que Rossellini met en scène à la fin – témoigne d'un certain ordre retrouvé, qui est contemporain du tournage du film à Berlin, en août et en septembre 1947. Rossellini étire l'année 1945 dans le temps, par la force de son cinéma. Autre scène qui plaide pour un Berlin déjà repris par la vie, des soldats anglais font du tourisme, et l'un d'eux indique aux autres : *«C'est là qu'on a brûlé les corps d'Hitler et d'Eva Braun.»*

Cet épisode occupe plusieurs scènes dans *La Chute*, d'Oliver Hirschbiegel – il faut faire venir 200 litres d'essence pour carboniser les corps –, qui s'attache aux derniers jours du fondateur du IIIᵉ Reich pendant la bataille de Berlin, en avril et en mai 1945. Bernd Eichinger – producteur et scénariste du film – insistait, au moment de sa sortie, sur l'origine de ce biopic emmené par l'acteur Bruno Ganz dans le rôle d'Adolf Hitler : *«Un film allemand, réalisé avec des moyens allemands, des techniciens allemands, des acteurs allemands, pour un public allemand.»* Performance de Ganz en Hitler, joie surjouée d'Eva Braun ou des enfants de Joseph Goebbels dans le bunker, claquements de bottes par dizaines et autant de saluts nazis de l'entourage viril du Führer... : *La Chute* a mal vieilli, malgré ou en raison de la méticulosité de sa reconstitution historique.

Mais c'est surtout à l'interview de la secrétaire particulière d'Hitler, Traudl Junge, devenue une vieille dame, qui ouvre et clôt le film, qu'il faut trouver du sens. Cet élément purement documentaire – Traudl Junge meurt à 82 ans, deux ans avant la sortie du film – est un aveu : l'impossibilité pour la fiction – dont ladite secrétaire, incarnée par Alexandra Maria Lara, tient le premier rôle – de se suffire à elle-même. *«Bien sûr que toutes ces horreurs, que j'ai apprises par le procès de Nuremberg,* se justifie-t-elle, *ces 6 millions de juifs (...), qui ont trouvé la mort, ont été un terrible choc pour moi. Mais je n'avais pas encore établi le lien avec mon propre passé. Jusqu'alors, je me consolais en me disant que je n'étais pas coupable. (...) J'ai pris conscience* [depuis] *que la jeunesse n'était pas une excuse, mais qu'on aurait peut-être dû s'enquérir de certaines choses.»* Un carton nous l'indique : *«Traudl Junge a été qualifiée de "jeune suiveuse" par les Alliés.»* Sans avoir été poursuivie.

POLÉMIQUES ET ERREURS HISTORIQUES

Si la Shoah se prolonge jusqu'à la fin du conflit, la libération des camps n'est pas en elle-même un sujet de cinéma. Dans *Shoah* (1985), Claude Lanzmann interroge ses témoins sur le rôle de chacun dans la «solution finale» plutôt que précisément sur l'issue de 1945. Car elle va de soi : toutes celles et ceux qui parlent, par définition, *«s'en sont sortis»*, victimes ou bourreaux. Idem dans *Le Chagrin et la Pitié* (1971), l'implacable documentaire de Marcel Ophüls : l'essentiel des témoignages concerne l'Occupation et la Libération, ou ⊢➝

CLAUDE LANZMANN INTERROGE SES TÉMOINS SUR LE RÔLE DE CHACUN DANS LA «SOLUTION FINALE» PLUTÔT QUE SUR L'ISSUE DE 1945. CAR ELLE VA DE SOI : TOUTES CELLES ET CEUX QUI PARLENT «S'EN SONT SORTIS».

➞ l'épuration avant et après 1945. Le seul témoin qui évoque nettement la toute fin de la guerre est Christian de La Mazière, ancien SS de la division «Charlemagne». Emprisonné en 1945, gracié en 1948, de La Mazière devient imprésario dans les années 1950 et 1960, et il est une figure mondaine parisienne très acceptable. Filmé dans les salons du château de Sigmaringen, en Allemagne –

> **POUR LE CRITIQUE SERGE DANEY, *URANUS* DIT TRIVIALEMENT QUE LES COLLABOS ÉTAIENT DES SALAUDS, MAIS QUE LES RÉSISTANTS AUSSI, ET QUE, DÈS LORS, ON PEUT DORMIR TRANQUILLE...**

résidence du maréchal Pétain et du gouvernement vichyste en exil entre septembre 1944 et avril 1945 –, de La Mazière raconte l'origine de ses convictions nazies, et son engagement militaire jusqu'au-boutiste dans les ruines de Berlin contre les soldats soviétiques. La sortie en salle du film de Marcel Ophüls, en 1971, fera grand bruit, et ruinera la carrière parisienne de De La Mazière.

Vingt ans plus tard, en 1990, la sortie d'*Uranus*, de Claude Berri, fut elle aussi accompagnée par de grandes polémiques qui n'empêchèrent pas le film, qui faisait la chronique d'un village français en 1945, de connaître un succès public, avec plus de 2 millions d'entrées. Porté par un casting masculin exceptionnel (Gérard Depardieu, Philippe Noiret, Michel Blanc, entre autres), le film de Berri fut mis en cause sur le plan historique par Henry Rousso, historien, auteur du *Syndrome de Vichy. De 1944 à nos jours* (1990), et, plus encore, sur le plan moral et cinématographique, par Serge Daney, critique de cinéma du quotidien *Libération*.

UN DISCOURS «SANS JUGEMENT»

Il n'est pas exagéré de dire qu'Henry Rousso a hanté la sortie d'*Uranus*. Radios, magazines, quotidiens, l'historien saisit tous les micros qui se tendent. Il faut dire que *Le Syndrome de Vichy*, sorti plus tôt la même année, a rencontré un grand succès. *«Les luttes fratricides de l'Occupation, y écrivait-il, ne sont en rien une "guerre civile froide" ou "verbale", mais une guerre civile tout court, à l'échelle de l'histoire française.»* Après avoir vu *Uranus*, Henry Rousso pointe *«quelques erreurs historiques»*. *«Les mentalités* [des personnages du film], dit-il dans *Télérama* du 12 décembre 1990, *ressemblent plutôt à celles de 1944 : c'est au moment de la Libération que chacun a pris conscience de son propre rôle pendant l'Occupation, et non en 1945. Le retour triomphal des prisonniers avec fanfare et discours officiels est peu vraisemblable : ils* représentent la défaite. Et les nombreux repas jurent avec la principale préoccupation de l'époque : se nourrir.»

Uranus est une adaptation du roman du même nom de Marcel Aymé, paru en 1948, violemment anticommuniste, et qui dénonce l'hypocrisie de la France libérée à travers une série de personnages assez veules. Une mise en scène et un discours «sans jugement», disait Claude Berri : les lâchetés des uns rachèteraient celles des autres. Avec ses grands comédiens qui en font trop – Depardieu et Noiret en particulier –, cet *Uranus* largement oublié aujourd'hui se revoit sans plaisir. Si le personnage du communiste «humain» joué par Michel Blanc nuance la charge politique de Marcel Aymé, les dialogues du film reprennent parfois mot pour mot ceux du romancier. Or, Marcel Aymé avait une vision très sévère de l'épuration. Il avait fait partie, avec Jean Anouilh, François Mauriac ou Paul Valéry, des pétitionnaires qui avaient demandé en vain la grâce du journaliste collaborationniste Robert Brasillach, condamné à mort pour intelligence avec l'ennemi. Mais les ressentiments de 1948 ne peuvent pas être ceux de 1990. C'est en substance ce qu'écrit Serge Daney dans *Libération*.

Critique admiré, héritier de la Nouvelle Vague et plume redoutée, Serge Daney voit dans *Uranus* un nouvel exemple d'un phénomène qu'il jugeait déjà à l'œuvre dans *Lacombe Lucien*, de Louis Malle, en 1974. Dans *Art Press*, en 2001, Yan Ciret résume bien sa pensée : pour Serge Daney, *«c'est tout le cinéma français de qualité moyenne qui ressort de l'idéologie de la France vichyste».* Rien de moins ! Dans l'édition du 8 janvier 1991 de *Libération*, sa charge est violente : *«N'y a-t-il pas pour les deuils collectifs – comme pour la consommation des yaourts – une date de péremption ? Dans la vie des populations comme dans la carrière d'un artiste, n'y a-t-il pas des moments où quelque chose comme un travail du deuil (*Trauerarbeit, *disait Freud) peut s'effectuer avant que la fiction ne "rachète" tout, fût-ce à bas prix ?»*

LA DÉFAITE N'EST PAS CINÉGÉNIQUE

Pour Serge Daney, le film dit trivialement que les collabos étaient des salauds, mais que les résistants aussi, et que, dès lors, on peut dormir tranquille... Pour lui, si *Uranus* est vichyste, c'est au sens de ce que l'on pourrait

---

À VOS ÉCRANS : DIX FILMS À VOIR EN STREAMING

Les assassins sont parmi nous, de Wolfgang Staudte, 1946. Premier film allemand de l'après-guerre, il est produit en République démocratique allemande par le nouveau studio Deutsche Film AG (DEFA), contrôlé par les Soviétiques. Grand succès public à l'époque, le film aborde la question des crimes de guerre et de la culpabilité d'un ancien soldat. (Arte)

Allemagne année zéro, de Roberto Rossellini, 1948. Un des chefs-d'œuvre du grand réalisateur italien fondateur du néoréalisme. (Prime)

Hiroshima, de Hideo Sekigawa, 1953. Première production japonaise sur la bombe, le film a servi pour les flash-back d'*Hiroshima mon amour*, d'Alain Resnais (1959), dont il partage l'acteur principal, Eiji Okada. Une rareté. (Blu-ray ou DVD, Carlotta)

Uranus, de Claude Berri, 1990. Cette adaptation de Marcel Aymé déclencha une affaire *Uranus* dans la presse en raison d'erreurs historiques et d'un scénario qui renvoyaient dos à dos collabos et résistants. (Netflix)

Le Patient anglais, d'Anthony Minghella, 1996. Dans ce film entièrement construit en flash-back et qui reçut neuf Oscars, le présent – une infirmière (Juliette Binoche) et son patient défiguré (Ralph Fiennes) – se déroule en 1945. (Paramount+)

La Chute, d'Oliver Hirschbiegel, 2004. Les vingt derniers jours de la vie d'Adolf Hitler dans son bunker. (En VoD sur Filmotv)

1945. End of War, de Hideyuki Hirayama, 2011. La guérilla japonaise post-Hiroshima, thème récurrent du cinéma japonais, également au cœur d'*Onoda, 10 000 nuits dans la jungle*, d'Arthur Harari (2021). (En VoD sur Canal+)

Les Oubliés, de Martin Zandvliet, 2015. Belle évocation du sombre destin des soldats allemands prisonniers au Danemark en 1945, chargés de déminer les plages. (En VoD sur Universciné)

Oppenheimer, de Christopher Nolan, 2023. Méditation douloureuse sur le créateur de la bombe atomique, dans laquelle une des trois périodes concerne l'année 1945 et l'essai atomique Trinity. (Netflix)

Nuremberg, de James Vanderbilt, actuellement en postproduction. Le procès de Nuremberg abordé du point de vue du psychiatre américain Douglas Kelley, chargé d'expertiser les dignitaires nazis jugés pour «crimes de guerre». Sortie prévue fin 2025.

«ALLEMAGNE ANNÉE ZÉRO» – Le quotidien d'une famille allemande dans Berlin en ruine filmé par Roberto Rossellini (1948).

appeler avec Clausewitz «le prolongement du vichysme par d'autres moyens». Dans le contexte de 1991, marqué par les performances électorales du Front national, Claude Berri ne laissa pas cette brillante diatribe sans réponse. Il obtint un droit de réponse par voie judiciaire, et Serge Daney quitta *Libération* peu après ce qui était devenu l'affaire *Uranus*.

De *Hiroshima mon amour*, d'Alain Resnais (1959), à *Oppenheimer*, de Christopher Nolan (2023), les films qui s'attachent aux bombardements atomiques de 1945 n'en font pas le cœur narratif de leur action, sauf certaines productions japonaises à partir des années 1950. Le film d'Alain Resnais se passe après-guerre, et son enjeu est la mémoire de la guerre. Dans *Oppenheimer*, si tout le scénario repose sur la culpabilité du savant – devenu «*la mort, le destructeur du monde*», selon ses propres mots dans le film –, l'année 1945, avec le succès du premier essai atomique, Trinity, le 16 juillet, et la rencontre d'Oppenheimer avec le président Truman, ne dure qu'un gros quart dans un film qui dure plus de

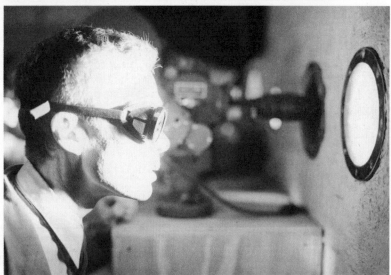

«OPPENHEIMER» – Cillian Murphy est le physicien américain, dit le «père de la bombe atomique», dans le film de Christopher Nolan (2023).

trois heures. De la même façon, l'idée d'une guerre qui continue à bas bruit – celle de l'infirmière et des démineurs du *Patient anglais*, d'Anthony Minghella (1996), que l'on voit fêter le 8 mai – n'est qu'un élément d'un récit plus ample que la guerre elle-même.

La guerre gagne toujours sur la paix au cinéma – depuis les cow-boys contre les Indiens jusqu'à la saga *Star Wars*. Les films savent mal raconter la capitulation, la défaite, l'effondrement moral et le moment des bilans. Quand le cinéma s'empare de l'année 1945, c'est donc d'où il parle qui compte avant tout. Les vainqueurs ne font pas de plus beaux films que les vaincus, et parfois, comme avec le communisme chrétien de Roberto Rossellini, qui porte entièrement *Allemagne année zéro*, le cinéaste peut avoir un passeport de vaincu mais les engagements des vainqueurs. ●

Alan et sa guerre, entre humour, lassitude et contemplation

Sur un chemin de l'île de Ré, un jeune artiste égaré croise un vétéran américain. Un long dialogue s'amorce, devenu *La Guerre d'Alan*, un formidable roman graphique contant l'expérience d'un soldat ordinaire dans un conflit qui touche à sa fin. Une guerre vue à hauteur d'homme.

PAR FRÉDÉRIC POTET

Le 19 février 1945, Alan Ingram Cope débarque au Havre avec 10 000 autres GI, entassés dans un ancien paquebot de luxe italien reconverti en transport de troupes par les forces américaines. C'est le jour de son 20ᵉ anniversaire et il ne sait pas à quoi s'attendre. Deux ans plus tôt, alors qu'il a atteint l'âge de la conscription obligatoire, l'Oncle Sam lui a « *mis un uniforme sur le dos pour aller combattre un gars qui s'appelait Adolf* ». Et c'est à peu près tout.

D'ÂPRES COMBATS AU FRONT, DE VIOLENTES BATAILLES CONTRE L'ENNEMI NAZI, LE CAPORAL COPE N'EN VIVRA POINT. SANS BEAUCOUP DE REGRET, COMPREND-ON ENTRE LES CASES.

Les nazis sont loin de la Normandie quand il y pose le pied ce matin-là. La contre-offensive des Ardennes (16 décembre 1944-25 janvier 1945) les a refoulés, la guerre touche à sa fin, mais pas pour tout le monde. Canonnier dans un engin blindé de reconnaissance (*armored car*), le jeune homme rejoint alors l'Allemagne, avant d'entrer en territoire tchèque, conformément aux instructions du général Patton, qui voulait gagner le maximum de terrain sur les Russes, à l'insu du président américain Eisenhower. Cantonné en Bavière après l'armistice, Alan ne sera démobilisé qu'en août 1946, sans jamais avoir réellement combattu.

De cette expérience de soldat ordinaire dans une guerre qui s'étire, Emmanuel Guibert a tiré une pièce maîtresse de la bande dessinée, *La Guerre d'Alan* (L'Association), publiée en trois tomes entre 2000 et 2008. Réalisé à partir des souvenirs d'Alan Cope, ce roman graphique écrit à la première personne prend le contrepied des traditionnels récits de guerre pour raconter, davantage que les derniers soubresauts d'un conflit, les sentiments par lesquels est passé l'un de ses modestes acteurs. Loin des batailles et des faits d'armes longuement documentés, même en BD, de la seconde guerre mondiale, l'auteur y relate, à hauteur d'homme, les à-côtés d'une campagne militaire à partir d'anecdotes et d'événements mineurs, mêlant humour, lassitude et contemplation, sous le ton détaché d'un narrateur maniant l'euphémisme avec art.

UN ACCORD IMPLICITE

La Guerre d'Alan, c'est un peu l'opposé du *Jour le plus long* (1959) ou des *Canons de Navarone* (1961). « *Les films de guerre sont remplis de gens avisés qui envoient des troupes qui arrivent à l'heure et résolvent une situation en trois coups de cuillère à pot*, observe Emmanuel Guibert. *Or, la guerre, c'est le bordel. Elle est souvent faite par des gens qui ne savent pas où ils sont, ni ce qu'ils font, et qui sont ahuris de déflagrations, de souffrances ou d'ennui. Le problème, dans le cas de la guerre vécue par Alan, est qu'Hitler va bientôt mourir et que les combats vont néanmoins continuer.* »

Parce qu'une amitié très forte s'est nouée avec cet homme de trente-neuf ans son aîné, Emmanuel Guibert est devenu une sorte de légataire testamentaire de la mémoire d'Alan Cope. Il ne s'est pas contenté, d'ailleurs, de raconter la guerre de celui dont il fut le confident avant d'en devenir le scribe, mais aussi sa jeunesse dans la Californie des années 1920 et 1930 à travers un second cycle d'albums (*L'Enfance d'Alan*, *Martha & Alan*, L'Association).

Alan Cope aurait eu 100 ans en 2025 si un cancer ne l'avait pas emporté en 1999. Il en a 69 ce matin de juin 1994 quand, sur l'île de Ré, où il s'est installé après la guerre à la suite d'un mariage avec une Française, le vétéran se fait aborder par un jeune artiste égaré qui lui demande son chemin. S'ensuivront une discussion d'un quart d'heure, puis deux nouvelles rencontres fortuites, le soir même et cinq jours plus tard.

Fasciné par le verbe de l'Américain et la simplicité avec laquelle il feuillette les pages de sa vie, Emmanuel Guibert va nouer avec lui une complicité indéfectible, pendant cinq ans, faite de repas, de balades à vélo, de correspondances endiablées et de discussions aux accents de vérité dont il gardera trace à travers des dizaines d'heures d'enregistrement. Aujourd'hui encore, le bédéaste continue de piocher dans ce matériau sonore pour écrire sur la vie d'Alan Cope, en vertu d'un « assentiment » implicite né du vivant de ce dernier.

PLUS RÊVEUR QUE BATAILLEUR

Avec *La Guerre d'Alan*, Emmanuel Guibert n'a pas cherché à décrire la condition d'un GI pendant la seconde guerre mondiale, mais « *ce qu'a traversé et ressenti quelqu'un ayant été soldat pendant quelques années, d'abord comme première classe, puis comme caporal* ». Il souligne : « *Je savais dès le départ que je serais dans le processus du récit d'une vie et que je devrais passer par sa participation à la guerre.* » Une « *participation* » assez minimale, à en croire l'intéressé, qui, avant même de quitter les Etats-Unis, se considérait déjà lui-même comme un « *tire-au-flanc qualifié* », doté d'un caractère plus « *rêveur* » que « *suffisamment militaire* ».

Sa découverte de la France occupée de 1945 tourne vite au cocasse. Revenue d'un aller-retour en train inutile à Paris, son unité se retrouve cantonnée dans une ferme de Gournay-en-Bray (Seine-Maritime) pendant deux mois, en raison d'une erreur d'aiguillage dans l'acheminement du matériel (blindés, Jeep, canons, mitrailleuses, mortiers...) « *Ça nous a fait deux mois de repos relatif*, narre-t-il dans le deuxième tome. *C'était assez ennuyeux, comme vie. On nous faisait faire des marches, étudier des manuels militaires qu'on nous lisait. Moi, je bavardais, je me promenais.* » ⟶

Pendant la traversée, comme la vie de l'administration militaire continue, on est venu m'annoncer :

COPE, tu es nommé première classe.

Voici tes galons. Tu as de quoi les coudre ?

Oui.

Ben couds-les tout de suite.

Après tout ce temps ! Ça m'a permis d'être un peu mieux payé et de pouvoir acheter plus facilement mon chocolat, mon coca ou mes cigarettes.

On gagnait très peu dans l'armée.

Un matin tôt, on nous a subitement prévenus : "On débarque." Nous nous sommes retrouvés à quai.

La remise du paquetage était bien organisée, on n'a pas eu à attendre. Je devrais dire DES paquetages, parce que c'était un barda incroyable.

Normalement, un homme ne peut pas porter tout ça. Une partie est transportée par camion. Mais il n'y avait pas de camion. Le sergent a dit :

Ramassez vos affaires et suivez-moi !

Une chute du premier étage d'une grange lui vaudra alors quelques dégâts corporels, mais aussi... une médaille militaire, attribuée après-guerre à tout soldat ayant subi une blessure. Dans la campagne allemande, Alan Cope ne tirera, de toute la guerre, que deux fois depuis la tourelle de son blindé : d'abord, pour détruire une petite maison inhabitée, soupçonnée d'abriter des armements ; ensuite, pour riposter à des coups de feu venus d'une ferme – manœuvre vite interrompue en raison de sa mitrailleuse, enrayée en plein exercice. D'âpres combats au front, de violentes batailles contre l'ennemi nazi, le caporal Cope n'en vivra point. Sans beaucoup de regret, comprend-on entre les cases de ces planches aux teintes sépia évoquant le passage du temps.

UNE GÉNÉRATION ABÎMÉE

Sans la nier totalement, Emmanuel Guibert nuance quelque peu la coloration antihéroïque qu'Alan Cope a lui-même attribuée à son récit d'ancien combattant : *« J'ai lu quelques réactions de lecteurs qui disaient qu'il n'a pas fait grand-chose pendant la guerre. Il a certes échappé à des moments très sanglants, à l'inverse de son copain de service militaire, Lou, qui a connu Omaha Beach et la contre-offensive des Ardennes, mais il n'a pas tiré au flanc pour autant. Il aurait même pu prendre une balle perdue. »* Notamment à Pilsen, en Tchécoslovaquie, où des francs-tireurs allemands ont tiré sur son unité, avant de se rendre.

« Nous avons une façon totalement indue de décréter ce qui est confortable et ce qui ne l'est pas, de surcroît en temps de guerre, poursuit Emmanuel Guibert. *Qui, mieux que ces jeunes soldats, sait quelque chose de la tension d'une conscription, de l'angoisse d'un départ vers une terre étrangère ? Cette génération a été soumise, à l'âge tendre, à des stress épouvantables. Aucun de ceux avec qui Alan a entretenu une correspondance après la guerre n'a d'ailleurs dépassé les 70 ans. »*

Son décès, à l'âge de 74 ans, l'empêchera de lire *La Guerre d'Alan*, à l'exception des premiers chapitres, prépubliés à partir de 1996 dans *Lapin*, la revue de L'Association. Il n'écoutera jamais, non plus, le compte rendu qu'Emmanuel Guibert aurait tant aimé lui faire du voyage qu'il effectua à Pilsen, en 2015, à l'invitation d'un historien et d'une journaliste tchèques, Tomas Jak et Judita Matyasova.

« Nous avons retrouvé des photos d'archives sur lesquelles j'ai pu voir Alan tel qu'il ne s'est jamais vu lui-même, confie Emmanuel Guibert. *J'ai même pu reconstituer minute par minute son récit, tel qu'il me l'avait raconté, avec toutes sortes de détails qu'il ignorait. Ces jeunes soldats ne savaient pas, en effet, où ils étaient, ni d'où ils venaient, ni où ils allaient – c'était la seule façon qu'avaient trouvée les armées pour éviter qu'un soldat ne parle quand il est fait prisonnier. »*

UNE TRACE SUR L'ÎLE DE RÉ

Plus que jamais *« plein de lui »*, l'académicien qu'il est devenu en 2023 – également créateur du *Photographe* (Dupuis, 2003-2006) et de la série pour enfants *Ariol* (Bayard, avec l'illustrateur Marc Boutavant) – n'en a pas fini avec son ami américain. Il planche actuellement à l'écriture d'un album consacré à son adolescence. Viendra sans doute, un jour, un récit plus intime pour exprimer ce que cette rencontre a changé dans sa vie.

Inoubliable rencontre... En 2018, à la suite d'une demande d'Emmanuel Guibert au conseil municipal, la ville de Saint-Martin-de-Ré (Charente-Maritime) a donné le nom d'Alan Cope au passage de la commune où il avait sa maison. Exactement là où, il y a trente ans, un jeune homme cherchant son chemin avait interpellé un vieux monsieur occupé à scier du bois devant la porte de sa cuisine. ●

Je dois raconter la seule fois de la guerre où je me suis servi de mon canon.
A un moment, on était en pleine campagne et on s'est mis à entendre des tirs.

On ne savait pas si ça tirait sur nous. Il y avait quelques coups de feu proches mais le plus gros était lointain.

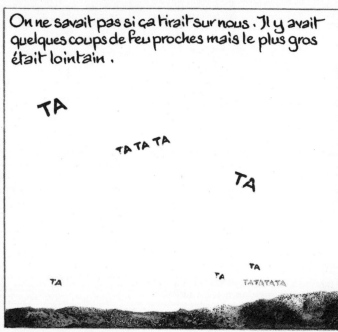

On voyait une ferme où des gens couraient à droite à gauche avec un air de préparer quelque chose, mais ils ne tiraient pas.
On ne leur a donc pas tiré dessus.

Plus loin, au milieu d'un champ, il y avait une minuscule maison.
Sergent MARKER a dit :

COPE, elle est dangereuse, cette baraque. C'est un endroit parfait pour cacher un armement quelconque. On ne devrait pas la laisser là.

Qu'est-ce qu'on fait ?

2025, L'HÉRITAGE DE 1945

Pourquoi la guerre?, de Frédéric Gros, Albin Michel, coll. «Espaces libres. Idées», 2025, 156 p., 6,90 €.

Un deuxième contact? Histoire et mémoires du Centre d'expérimentation du Pacifique, sous la direction de Renaud Meltz, Benjamin Furst et Alexis Vrignon, Editions de la MSH-P, 2025, 316 p., 26 €. Egalement disponible en ligne.

La guerre mondiale n'aura pas lieu. Les raisons géopolitiques d'espérer, de Frédéric Encel, Odile Jacob, coll. «Histoire», 2025, 288 p., 23,90 €.

La Vengeance dans les relations internationales, de Marie Robin, CNRS Editions, coll. «Sciences politiques et relations internationales», 2025, 250 p., 11 €.

Histoire totale de la seconde guerre mondiale, d'Olivier Wieviorka, Perrin, ministère des armées, 2025, 1068 p., 35 €.

Histoire de la sécurité européenne depuis 1945. De la guerre froide à la guerre en Ukraine, de Nicolas Badalassi, Armand Colin, coll. «U. Histoire», 2024, 252 p., 29 €.

Ecrire l'histoire des relations internationales. Genèses, concepts, perspectives, XVIIIe-XXIe siècle, de Laurence Badel, Armand Colin, coll. «U. Histoire», 2024, 296 p., 31 €.

L'Art de la paix. Neuf vertus à honorer et autant de conditions à établir, de Bertrand Badie, Flammarion, coll. «Essais», 2024, 242 p., 21 €.

Retour de la guerre, de François Heisbourg, Odile Jacob, coll. «Géopolitique», 2024, 212 p., 9,50 €.

La Cour internationale de justice, de Raphaël Maurel, Que sais-je?, 2024, 126 p., 10 €.

Espace mondial, de Frédéric Ramel, avec la collaboration d'Aghiad Ghanem, Presses de Sciences Po, coll. «Avec Sciences Po», 2024, 360 p., 24 €.

Préparer la guerre. Stratégie, innovation et puissance militaire à l'époque contemporaine, d'Olivier Schmitt, PUF, 2024, 460 p., 24 €.

Paix et sécurité. Une anthologie décentrée, sous la direction de Delphine Allès, Sonia Le Gouriellec, Mélissa Levaillant, CNRS Editions, coll. «Sciences politiques et relations internationales», 2023, 316 p., 25 €.

Géopolitique de la culture. L'artiste, le diplomate et l'entrepreneur, de Bruno-Nassim Aboudrar, François Mairesse et Laurent Martin, Armand Colin, coll. «Objectif Monde», 2021, 318 p., 27 €.

La Part des dieux. Religion et relations internationales, de Delphine Allès, CNRS Editions, 2021, 352 p., 25 €.

Diplomaties européennes. XIXe-XXIe siècle, de Laurence Badel, Presses de Sciences Po, 2021, 540 p., 35 €.

Le Conseil de sécurité des Nations unies. Entre impuissance et toute-puissance, sous la direction d'Alexandra Novosseloff, CNRS Editions, coll. «Biblis», 2021, 428 p., 10 €.

Dictionnaire de la guerre et de la paix, sous la direction de Benoît Durieux, Jean-Baptiste Jeangène Vilmer et Frédéric Ramel, PUF, coll. «Quadrige. Dicos poche», 2017, 1508 p., 39 €.

Faire la paix. La part des institutions internationales, sous la direction de Guillaume Devin, Presses de Sciences Po, coll. «Références. Mondes», 2009, 272 p., 16,50 €.

LA FIN DE LA GUERRE

Auschwitz 1945, d'Alexandre Bande, Passés composés, 2025, 140 p., 16 €.

300 jours : 13 juillet 1944-9 mai 1945. Dix mois pour en finir avec Hitler, d'Eric Branca, Perrin, 2025, 448 p., 24 €.

Auschwitz, de Tal Bruttmann, La Découverte, coll. «Histoire», 2025, 124 p., 11 €.

Les Cent Derniers Jours d'Hitler. Chronique de l'apocalypse, de Jean Lopez, Perrin, coll. «Tempus», 2025, 246 p., 9 €.

Hiroshima. Le compte à rebours. Les 116 jours qui ont changé le cours de l'histoire, de Chris Wallace et Mitch Weiss, Alisio, coll. «Histoire», 2025, 396 p., 23,90 €.

Les Poches de l'Atlantique. 1944-1945 : le combat oublié, de Stéphane Weiss, Perrin, à paraître en mai 2025, 432 p., 24 €.

Les Crimes nazis lors de la libération de la France, 1944-1945, de Dominique Lormier, Mon Poche, 2024, 224 p., 8,20 €.

Condamnées à mort. L'épuration des femmes collaboratrices, 1944-1951, de Fabien Lostec, CNRS Editions, coll. «Nationalismes et guerres mondiales», 2024, 396 p., 26 €.

Femmes bourreaux. Gardiennes et auxiliaires des camps nazis, de Barbara Necek, Tallandier, coll. «Texto», 2024, 284 p., 9,50 €.

Paroles des fronts oubliés. Médoc, Royan, La Rochelle, 1944-1945, de Stéphane Weiss, Sud-Ouest, 2024, 170 p., 20 €.

La France libérée par son Empire? Combattants coloniaux dans la seconde guerre mondiale, exposition au Mémorial du Mont-Valérien 2023-2024, commissariat Julie Le Gac, Nina Wardleworth et Julien Fargettas, Ouest-France, coll. «Histoire», 2023, 96 p., 14 €.

La Chute de Berlin, d'Anthony Beevor, Le Livre de poche, coll. «Documents», 2022, 830 p., 10,90 €.

Journal d'Hiroshima : 6 août-30 septembre 1945, de Michihiko Hachiya, Tallandier, coll. «Texto», 2020, 302 p., 10 €.

Les Poches de l'Atlantique, 1944-1945. Le dernier acte de la seconde guerre mondiale en France, sous la direction de Michel Catala, Presses universitaires de Rennes, coll. «Histoire», 2019, 324 p., 26 €.

La France virile. Des femmes tondues à la Libération, de Fabrice Virgili, Payot, coll. «Petite bibliothèque Payot», 2019, 422 p., 10,70 €.

La Guerre totale à l'Est. Nouvelles perspectives sur la guerre germano-soviétique : 1941-1945, de Boris Laurent, Nouveau Monde Editions, coll. «Chronos», 2017, 556 p., 10,90 €.

Le Syndrome de Vichy, de 1944 à nos jours, d'Henry Rousso, Points, coll. «Histoire», 2016, 414 p., 11,30 €.

1945, la découverte, d'Annette Wieviorka, avec la reproduction des photographies d'Eric Schwab, Folio, coll. «Histoire», 2016, 282 p., 9,50 €.

1945 année zéro, de Ian Buruma, Bartillat, 2015, 382 p., 23 €.

La Fin : Allemagne, 1944-1945, de Ian Kershaw, Points, coll. «Histoire», 2014, 666 p., 14,90 €.

Sous les bombes. Nouvelle histoire de la guerre aérienne (1939-1945), de Richard Overy, Flammarion, coll. «Au fil de l'histoire», 2014, 1118 p., 35 €.

Une femme à Berlin. Journal, 20 avril-22 juin 1945, de Martha Hillers, Gallimard, coll. «Folio», 2008, 394 p., 10 €.

La Destruction des juifs d'Europe, de Raul Hilberg, Gallimard, coll. «Folio. Histoire», 2006, 3 vol., 13,90 € chacun.

L'Etat du monde en 1945, sous la direction de Stéphane Courtois, Annette Wierviorka, La Découverte, 1994, 316 p., épuisé.

1945, LA NAISSANCE D'UN NOUVEAU MONDE

Le Savoir des victimes. Comment on a écrit l'histoire de Vichy et du génocide des juifs de 1945 à nos jours, de Laurent Joly, Grasset, 2025, 448 p., 25 €.

Le Temps des loups. L'Allemagne et les Allemands (1945-1955), de Harald Jähner, Actes Sud, 2024, 358 p., 24,80 €.

Nuremberg. La bataille des images, de Sylvie Lindeperg, Payot, coll. «Histoire», 2021, 526 p., 25 €.

L'Esprit de Philadelphie. La justice sociale face au marché total, d'Alain Supiot, Points, coll. «Essais», 2021, 178 p., 7,80 €.

Le Long Retour, 1945-1952. L'histoire tragique des «déplacés» de l'après-guerre, de Ben Shephard, Albin Michel, coll. «Documents», 2014, 588 p., 28 €.

Le Procès de Nuremberg, d'Annette Wieviorka, Liana Levi, coll. «Piccolo. Histoire», 2022, 290 p., 12 €.

Organiser le monde. Une autre histoire de la guerre froide, de Sandrine Kott, Seuil, coll. «L'univers historique», 2021, 322 p., 24 €.

1989. L'année où le monde a basculé, de Pierre Grosser, Perrin, coll. «Tempus», 2019, 792 p., 12 €.

The Bretton Woods Agreements. Together with Scholarly Commentaries and Essential Historical Documents, édition Naomi Lamoreaux et Ian Shapiro, Yale University Press, 2019, 504 p., 31 €.

Les Boîtes à idées de Marianne. Etat, expertise et relations internationales en France (1935-1985), de Sabine Jansen, Cerf, 2017, 766 p., 34 €.

Histoire de la décolonisation au XXe siècle, de Bernard Droz, Points, coll. «Histoire», 2009, 386 p., 12,50 €.

DOCUMENTAIRES

La France de l'épuration. Entre vengeance et justice, de Marie-Christine Gambart et Laurent Joly, 2025, 90 minutes.

Auschwitz, des survivants racontent, de Catherine Bernstein, 2024, 5 × 40 minutes.

EXPOSITIONS

Auschwitz-Birkenau vu par Raymond Depardon, au Mémorial de la Shoah (Paris), du 26 juin au 9 novembre 2025.

1945, un monde meilleur?, au Mémorial de Falaise (Calvados), jusqu'au 4 janvier 2026.